CREPÚSCULO

Profecias de um tempo novo

Dom Vicente Ferreira

CREPÚSCULO

Profecias de um tempo novo

EDITORA
IDEIAS&
LETRAS

Preparação e Revisão
Andresa Mariana

Diagramação e capa
Danielly de Jesus Teles

Ilustrações
José Veloso

2ª impressão

EDITORA IDEIAS& LETRAS

Rua Oliveira Alves, 164
Ipiranga – São Paulo/SP
Cep: 04210-060
Televendas: 0800 777 6004
Editorial: (11) 3862-4831
vendas@ideiaseletras.com.br
www.ideiaseletras.com.br

Dados Internacionais de Catalogação na Publicação (CIP) de acordo com o ISBD

F383c Ferreira, Dom Vicente

Crepúsculo: Profecias de um tempo novo / Dom Vicente Ferreira. – São Paulo : Ideias & Letras, 2023
232 p. : ; il. ; 16cm x 23cm.

ISBN: 978-65-87295-58-9

1. Meio ambiente. 2. Conservação. 3. Proteção. I. Título

2023-2061 CDD 577
CDU 574

Elaborado por Odilio Hilario Moreira Junior - CRB-8/9949

Índices para catálogo sistemático:

1. Meio ambiente 577
2. Meio ambiente 574

Sumário

PREFÁCIO

Um bispo com cheiro de ovelhas

Os sonhos e ações proféticas de D.Vicente nasceram do chão da vida partilhada.

Os sonhos e ações de D. Vicente orvalhados de profecia, são vivências refletidas de quem se compromete com a vida, são o exemplo de uma "Igreja em saída" como nos pede o Papa Francisco.

Um bispo fora da curva, um bispo fora da caixinha, ameaçado de morte, identificando sua vida com a vida dos mais pobres e abandonados.

O seu múnus episcopal é vivido com simplicidade e a serviço dos mais fracos. A sua mitra suada e o seu báculo sujo do sangue dos pobres e trabalhadores, seus pés fincados no barro e o rosto molhado das lágrimas do povo soterrado pelo poder dos prepotentes.

Os novos céus e a nova terra serão construídos na história de cada dia, em cada compromisso vivido e celebrado. Nas vitórias, às vezes tão poucas, e nas derrotas, que são tantas, sem desanimar.

Unidos aos povos indígenas, quilombolas, sem-terra, vítimas socioambientais e descartados construiremos juntos o sonho de sermos irmãos e irmãs, superando e suprimindo as desigualdades.

A nossa luta não começou em nós, nem vai terminar conosco.

Lutaremos para sermos fiéis até o fim.

Não lutamos para ganhar, mas para sermos fiéis até o fim.

Padre Julio Renato Lancellotti

"O que esperamos são novos céus e nova terra onde habitará a justiça".

(2Pd 3, 13)

METÁFORA INICIAL

> Como nunca na história, o destino comum obriga-nos a procurar um novo início [...]. Que o nosso seja um tempo que se recorde pelo despertar duma nova reverência face à vida, pela firme resolução de alcançar a sustentabilidade, pela intensificação da luta em prol da justiça e da paz e pela jubilosa celebração da vida. (LS, n. 207).

Luz frágil que resta do dia antes da noite. Estigmas do que passou. O arrebol vespertino recolhe. No meio da noite, há que se ruminar seus mistérios. E o amanhã virá, como luz de penumbra. O crepúsculo tem seus segredos. Ao mesmo tempo que é despedida, também convida. Fluxo da vida. Em seus giros, a Terra abraça as criaturas. Dentre elas, o ser humano, cheio de privilégios e responsabilidades. Hóspede de certezas e enganos. É único na capacidade de inventar o círculo dos tempos. Se pode germinar a paz, também não está isento das guerras. Filhos e filhas da terra, feitos de noites e dias, do escuro e do claro. Composto de lusco-fusco, crepúsculo, barro vital, porque o Espírito habita nele. Mistura fina. Assim é a humana sina. Vaso precioso, de tão sensível. É de nunca saber tudo, de si mesmo e do universo, que sonha. E o amor o faz viajar, abençoado. Com a inquieta presença do pecado.

Na crise planetária, qual a imagem propícia para o nosso tempo? Travessia crepuscular. De rumo mais incerto; de desejo aberto. Dom que vem dos céus, na frágil vida da Terra. Luz do que termina; começo de outras margens. Estamos na travessia global.

Se há os que agem como "donos" do girar telúrico, sustentando a engrenagem neoliberal; outros, enxergam o novo mundo através da interconexão. São desbravadores de geografias afetivas. Em profecias, apontam para um novo jeito de viver nesse planeta. Tocados pelos escombros, modelam alternativas de vida, do bem viver de irmãs e irmãos, na casa comum. Essa também é minha busca já em um longo período de conversão. Basta de exploração. Não haverá felicidade se não cultivarmos a biodiversidade. Toda violência é metafísica; ainda que nem toda metafísica seja violenta. E o que sobrevive no planeta não é unívoco. O pedestal de toda criatura é a biodiversidade. O que pretende ser, sem ela, a terra rejeita.

Crepúsculo me remete ao corpóreo que pulsa, à criatividade dos sons, das cores, dos conflitos e seus amores. Corpo aberto, rasgado mesmo, pela finitude, de feridas naturais e de tantas que sangram pela ambição. Crepúsculo quer ser um livro do meu corpo no meio do corpo das vítimas sistêmicas. Nelas habitam o paradoxo do grito e da cantiga. Foram violadas! E, de lembrar, resistem. Choro de dor, dança de amor. São corpos que incomodam o olhar burguês. Perigosos, de tanto que falam. O andarilho que pede um pão; o rio sem vida de tanta poluição. Feridas de terra e carne, senhas do Deus ferido. Ele também chora os desvios da fera humana. Não intervém, sozinho. Pois deu a nós a estatura de um agir que conta, que alarga ou anula. O tudo que Ele fez de bom.

Crepúsculo, fruto de "pensamento enfraquecido". O pensar dos pobres, nas feridas humanas e da natureza. Livro de ideias pulsionais, não de verdades ideais. O sujeito moderno, metafísico e cartesiano, escondeu, em inúmeras ocasiões, o corpo real da vítima. Elegeu a competição como estilo existencial. Subjetivou-se, em vaidade demasiada. E se esqueceu da interconexão. Virou corpo deserdado. No seu auge, dissipou-se. Misturou ódio com pódio. Crepúsculo é a exaltação do corpo que dorme e que acorda no colo da Mãe-Terra. Peregrino! No despossuir do adulto. Menino! Elogio da memória perigosa, que não esquece o ancestral; da justiça, sem a qual não há vida sustentável; e do esperançar, no que se dá de caminho aberto. Defesa do direito dos mortos na luta dos vivos; da não-anistia aos genocídios e ecocídios; das estruturas democráticas, diante das ameaças da ditadura.

Divido a obra em três momentos. E cada um com suas bifurcações. Primeiro, a penumbra do entardecer. Nela, o declinar de uma civilização global. O modelo capitalista neoliberal está enfermo de uma doença crônica. Meu olhar, de escritor, conta nesse contar de fragmentos. Mais ainda, o de pastor. Inserido no meio das cinzas, das lamas e dos dramas. Pois a cabeça não pensa bem onde os pés não pisam firmes. América Latina e suas vítimas socioambientais. E o Brasil, pátria amada. Querem, porque querem, que ela seja armada. Tão colonizada. A mineração segue matando, em Brumadinho, em Mariana. E "ai" de quem reclama. São suspeitos. Eu mesmo, quantas vezes, sofri um tanto de preconceito. Quem se coloca contra o modelo predatório, prepare-se: passará por algum tipo de purgatório.

No segundo tempo, tratarei da noite escura, o ócio produtivo, lugar do recolhimento e da gestação. No silêncio gerador, como o do túmulo vazio de Cristo, tento não abrir mão da lucidez. Se há futuro, ele nascerá das feridas. Não pela força delas mesmas, isoladas em dores sem saídas. Misteriosamente, contam com uma graça que transborda. E nelas, acorda. O futuro além do túmulo. Se a posse e o acúmulo são pedras pesadas, o milagre irrompe da fonte da vida sem margens. As chagas do ressuscitado são o cadinho do esperançar. Sendo o maior descartado da história, fez-se caminho para nosso discernimento. Sou seguidor do corpo de Cristo e de tudo que suas chagas abrigam. O que não couber em suas feridas, as d´Ele, que passou pela vida fazendo o bem, não cabe em minha fé também. Só creio no corpo luminoso porque ele guarda as sombras do suplício. E resiste como fonte viva, água do lado, que jorra. É impossível pensar a fé em um corpo divino ileso.

Por fim, apresentarei coletivos de um mundo novo. De Mariana, de Brumadinho, dos indígenas, dos quilombolas, dos movimentos sociais, de uma Igreja que já saiu de suas estruturas mais envelhecidas. A lida de quem já virou a página, quem já pegou a visão de um horizonte mais além. Aurora de um paraíso perdido. O futuro se desenhará pela nossa capacidade resiliente de conversão: eclesial, ecológica e cultural. E quantas outras procuras. Descubro, cada vez mais, a resistência de andar de mãos dadas com o ancestral. Já corri demais para frente. Hoje, desejo regressar aos princípios que sustentam a vida. Como Madalena, saudosa. Gosto da prosa de como era no princípio. Evolução também exige retração. Espero que essa narrativa crepuscular traga algo de contribuição para uma nova contemporaneidade. Criança ainda gerada, nessa encruzilhada abissal. O melhor berço que podemos lhe dar? Ainda não o conhecemos. Mas nele tem que caber tudo o que é nosso e de toda criação.

Memória, justiça e esperança. Três palavras que me conduzem nessa aventura crepuscular. Rememorar o passado, de onde viemos, recolhendo os estigmas que marcam as vítimas e os promotores da violência. Escrevo para não esquecer o porquê. É um ato de coragem resistente. Não posso oferecer muita coisa. Escrevo também com um corpo ferido. Livrando-se do abandono, o corpo grita é por justiça. Não se descartam histórias, absolutamente. Disso o ser humano não tem poder final. Há um mistério na vida crucificada, que a mantém na expectativa da ressurreição. Um traço de divino. Não há evolução humana, verdadeira, sem a dinâmica desse perdão que extravasa. O simples pagamento de pecúnia a quem foi ferido não garante reparação integral. Exige conversão, a partir de quem grita pela dor sistêmica.

Nossa cultura ocidental, branca, heteronormativa e racionalista está em dívida com os indígenas, negros, mulheres e com a criação; com os rios, as florestas, os ares, o solo sobre o qual andamos. Esperançar! Confesso que esse tem sido um desafio particular. Porque exige mudança maior. Insistimos, eu também, em agir com a mentalidade burguesa, e isso não é bom. Tenho todos os requisitos do colonizador. Branco, homem, cristão, pós-graduado etc. Colocar tudo isso a serviço não é questão fácil. Escrever é também processo de autocrítica. Enquanto eu não superar a pretensão de que a solução esteja comigo, não haverá mergulho verdadeiro na vida dos mais pobres.

Mestre. Ilustração de José Veloso

PARTE I
O DECLÍNIO DE UMA ERA

> **"O 1 por cento, economicamente e politicamente potente, desvinculado da terra e da humanidade, inclusive da sua, está procurando assumir o controle de cada âmbito de nossa vida."**
>
> **(VANDANA SHIVA)**

O que nos une, nessa hora decisiva
É a luta coletiva
Pelo fio da democracia, que nos guia
Pra tirar do pódio essa arquitetura do ódio
E frear o crescimento do fascismo
Não vamos nos intimidar com os ataques que vêm de lá
Se o inimigo está voraz, a gente resiste ainda mais

Entardecer, o declinar de uma cultura norte-global. Estilo de pensar que culminou nas grandes conquistas técnicas e científicas. São inegáveis seus ganhos. Em tudo que se traduz como biotecnologia ou nas sofisticadas redes de informação. O mundo pós-moderno está enredado por vitrines sofisticadas. Aviões cada vez mais seguros, foguetes avançados dominam o espaço e a Terra. As cirurgias dão à medicina avanços incríveis, capazes de liberar o corpo humano da dor. Algoritmos nos tornam, mais e mais, interconectados. Mas esse mundo mágico está a serviço de quem? A Pandemia da COVID-19 deixou bem claro quais são os corpos mais atingidos. Tragédias não são iguais para pobres e ricos. O que vemos no meio de tanta morte? Que o Sul global sofre bem mais do que o Norte. Um clube pequeno e fechado tem deixado muita gente de lado, na pretensão de gozar o todo do que se pensa como conforto.

Além dos ataques do vírus e suas agonias e de quem concentra um absurdo de riqueza, andamos às voltas com nossas pulsões. Bem no interno de nosso corpo. A depressão é realidade dura para tanta gente. Faz sobreviver, no sofrimento, o que o corpo mente. Recalque que não suporta e aparece por via torta. Agressivamente, a fome, a sede, o deslocamento forçado de milhões de pessoas nos questionam sobre o futuro desse sistema. Estima-se que, até 2050, 1,2 bilhão de pessoas serão refugiadas por mudanças climáticas. E a Terra grita também com suas feridas expostas. Se, por um lado, o entardecer recolhe os ganhos, por outro lado, exige mudanças. Porque não há vida saudável se o planeta está doente. E essa casa na qual habitamos tem seus segredos. Não aceita esse tanto de exploração. O que ela pede é encantamento, um outro estilo de bem viver. E virá de onde?

É de Vandana Shiva a epígrafe que abre esse capítulo. Autora de dezenas de livros, Vandana é uma indiana da agroecologia, que luta contra os agrotóxicos, as sementes transgênicas etc., defensora de nossa relação com a terra, não como matéria externa, mas como parte de nós. O grito do corpo da terra e dos descartados clama por mudanças. A encruzilhada apocalíptica avança com seus inúmeros horrores e presságios de novos tempos. O material que moldará o futuro, provavelmente, será encontrado no lixo de uma civilização que se declina. O que não morreu na cultura da morte? A resistência. Há um segredo que assombra no corpo desaparecido pelo sistema vitimário. O que não foi zerado como resultado das explorações, dos corpos humanos e da terra. Pulsão sobrevivente das vítimas. Em muitas situações já nos encontramos como Maria Madalena, assustados e nos perguntando: onde foi que colocaram seu corpo?

É desde os limites da Filosofia e da Teologia, com poesia no fundo da alma, que essa escrita borbulha. Carregado de sensações a partir do trauma vivido no crime da Vale S.A., em Brumadinho, MG. Narrativa frágil, na contramão de tantas outras que se apresentam como mais potentes, por estarem ao lado do poder. Coloco minhas forças no poder-do-não-poder. Chagas são senhas do corpo ressuscitado. O que não cabe dentro delas, não será redimido. Permanecerá como assombro nos escombros. Almejo o lado de baixo da história, o que sofre com tantas tentativas de esquecimento. É preciso lembrar sempre, para não permitir que outras mortes aconteçam no brutal do crime. Onde elas, as vítimas, não podem entrar, também não entramos. Ontem, agora, vida afora.

Vulnerabilidade é a marca fundante da nossa época. O fim da modernidade instaurou-se como era do enfraquecimento, declínio da pujança da verdade absoluta e profecia da polissemia. Os conceitos mais nobres como história, progresso, conhecimento, diluíram-se. História de quem? Progresso para quem? Conhecimento a partir de quem? O enfraquecimento do conceito de verdade, construído pela racionalidade ocidental, foi o elemento propulsor de variáveis suspeitas. O conceito de pós-modernidade foi forjado como tempo da emancipação dos fragmentos. Abracei a perspectiva do pensamento enfraquecido como forma de pensar a defesa dos mais pobres. Nossa vulnerabilidade é corpórea. Eis o traço fundamental da época contemporânea. Mas, em um passado recente, acreditava no "pós" modernidade, ainda bastante inocente, e que seria espontâneo uma era mais simples da vida humana no planeta. Hoje, o vejo capturado pelas metanarrativas do poder econômico. O capitalismo, ao dominar o planeta, tornou-se a encarnação da metafísica, em sua feição violenta. Uma ideia totalitária que se implantou em todos os espaços, do menor ao maior.

Na virada de 2022 para 2023, o Brasil viveu um evento de comoção nacional: as eleições presidenciais. A superação de um governo desastroso fez-nos respirar aliviados. Marco histórico que livrou o país do prolongamento de uma tragédia. Desgoverno que feriu nosso povo e o meio ambiente por quatro anos. Seria o catastrófico fortalecimento da extrema direita no poder, caso houvesse reeleição. Em quatro anos tivemos o desmonte de tudo o que significa direitos humanos e da natureza. As cerimônias de posse no novo governo, a composição das equipes de transição, os ministérios foram alguns sinais das incomensuráveis mudanças. Era a certeza de que a democracia vencera o autoritarismo e de que ainda é possível sonhar com um país livre e soberano.

Em 08 de janeiro de 2023, as estruturas democráticas, em Brasília, foram invadidas por terroristas, que, desde a derrota do ex-presidente, acamparam-se em diversos pontos do território nacional. Os ataques, as depredações do patrimônio, as destruições de elementos simbólicos, mostraram como estávamos sujeitos a uma elite violenta que só pensa em si mesma. Covarde episódio que revelou o quanto devemos reforçar as instituições democráticas. Ainda que tenhamos iniciado um governo progressista e inclusivo, a guerra continua. Não temos consciência suficiente de soberania nacional. Vencemos uma batalha, mas não a guerra. Porque as empresas transnacionais continuam no poder. A Vale segue comprando tudo em Brumadinho. A isso, chamo de metafísica imperial. Ou o domínio do capital. Nossa democracia está ainda a serviço da burguesia.

A partir de crimes brutais como os de Mariana e Brumadinho, no Estado de Minas Gerais, o que mais grita é a corporeidade das vítimas. Nesse ponto, a guinada epistemológica esperada está diretamente ligada aos clamores dos corpos. É de lembrar no corpo que a gente resiste na mente. Espera-se um deslocamento de posição no complexo tabuleiro da vida. A vulnerabilidade epocal não pode mais ser tratada apenas como finitude normal humana. O sistema capitalista neoliberal dominou o planeta de forma violenta, acelerando as degradações ambientais a partir do extrativismo predatório; comercializou pesticidas em excesso para o agronegócio; contaminou o ar com altíssimas quantidades de gás carbônico; poluiu rios e mares com largas escalas de lixo etc. A vulnerabilidade contemporânea é resultado de um sistema que visa ao lucro em detrimento da vida. O neoliberalismo entende muito de cifras, mas não conhece o que é compaixão. Ele cega o ser humano através da avidez do dinheiro, concentrando-o nas mãos de muito poucos.

Enquanto escrevo esta obra, os cientistas constatam que as alterações climáticas são, indubitavelmente, causadas pela interferência das ações humanas. E, em alguns aspectos, já se encontram em estágios irreversíveis. Essa constatação vem do 6º Relatório do Painel Intergovernamental de Mudanças Climáticas da ONU, divulgado em agosto de 2021. Mais que vulnerável, habitamos um corpo planetário pandêmico. Assim se mostra nosso tempo. A natureza ganhou destaque, sobretudo, depois da publicação da Laudato Sí, pelo Papa Francisco. Atravessamos uma crise socioambiental. Normalmente, cenários de guerra, tragédias e desafios econômicos são transitórios. Entretanto, a crise passou a habitar o normal do sistema. Para sobreviver, o capitalismo não pode renunciar a ela. Se há um clube seleto desfrutando de seus ganhos, há uma grande massa mergulhada em um corpo de morte.

Vulnerabilidade pandêmica dos corpos humanos e da Terra. Diante da qual há tendências claras e opostas. Por um lado, o capitalismo neoliberal torna-se cada vez mais agressivo, com suas máquinas, seus robôs, seus corpos inventados, fabricando confortos para poucos. Por outro lado, há corpos em resistência, propondo alternativas a partir das chagas sociais e ambientais. Nessa disputa, afloram-se os grupos, os posicionamentos. Há uma forte busca de emancipação das minorias. O mundo torna-se um palco interconectado de revelações da polissemia humana e ecológica. Vencer a indiferença não é fácil. Mas compensa. Sabe como é... "Enquanto existir cavalo, São Jorge não anda a pé", diz, muito bem, nosso povo. Derrubar a soberania, somente com democracia. E ela exige trabalho de base. Porque "ainda tem muito lombo pensando que é chicote". Esse ditado aprendi nos dias de eleições.

O fundamentalismo, com traços de conservadorismo religioso, reage. Postura atrelada ao mercado. O sistema global é de domínio dos corpos e dos territórios. Captura a política, a cultura e a religião, instrumentalizando-as em função de uma minoria que detém o domínio das riquezas do planeta. O nome de Deus é tomado em vão. E a política é criminalizada. O Brasil é vítima dessa dobradinha perversa. Sequestram a bíblia e vendem a imagem de que todo político é corrupto. Tudo em nome do Deus dinheiro. Quanto mais alienado o povo, mais fácil de ser manipulado. Do outro lado da moeda, ressoa, do fundo da terra e dos corpos, o grito de desespero do planeta e da humanidade. Ao dominar a Terra, o capitalismo tornou-se uma máquina de fazer vítimas.

Sobreviventes da pandemia global, temos a missão de construir uma nova cultura. Temos argumentos suficientes para afirmar que estamos numa mudança de época. Muitas chagas da época contemporânea clamam por mudanças. A temática da Ecologia Integral tem a capilaridade de apontar os principais pontos para perspectivas futuras. Estamos numa encruzilhada: ou mudamos o estilo de vida que concentra e mata ou seremos capturados por um sistema que, de maneira violenta, serve a um grupo privilegiado de pessoas, deixando milhões na miséria. O futuro depende de uma nova visão e ela será biocêntrica. A escolha não pode ser entre planeta e humanidade. Tudo está conectado. O confronto que está em pauta e que devemos abraçar é entre as forças de morte e a resistência da vida. Entre as estratégias dos dominadores e a luta dos oprimidos pelos seus direitos.

Quando se diz que vivemos numa sociedade polarizada, o que significa? Jamais deveríamos nos esquecer que a maior polarização está entre 1 por cento que concentra riquezas iguais às que possui 50 por cento da população mundial. Esse escândalo faz do capitalismo, modelo único de economia, um sistema perverso a serviço de poucos bilionários. A consequência está, exatamente, na colonização quase total da Terra. 1 por cento domina, outros 99 por cento tentam sobreviver. Essa é a lógica do capitalismo atual com sua narrativa unívoca. O problema se agrava ainda mais quando motes religiosos são empregados para justificar tal escândalo. Nesse ponto, também nunca foi tão importante pensar sobre o significado da palavra religião. Em muitos casos, ela é usada apenas para manter o domínio, a exclusão. O futuro depende de uma nova visão teológica, para além das fronteiras das religiões. É a luta por uma outra globalização, a da vida, porque, a que está aí, respira morte. É a batalha contra um sistema idolátrico que substituiu Deus por dinheiro. Nossa disputa é para voltarmos ao amor primeiro.

Crepúsculo é procura de resistência que mora nas chagas das vítimas. Elas sustentam a visão de um novo estilo de vida para além do monopólio capitalista neoliberal. No meio dos conflitos, de tantas mortes, das doenças, escutamos os gritos da Mãe-Terra e dos pobres. E a esperança cristã clama por nós, para que demos razões de nossa fé. Há uma mística impressa no corpo que resiste à captura. Ela aponta para as alternativas que vão na contramão de um modelo de vida que mata. Contra esse império global há vozes de tantas comunidades, redes de lideranças que antecipam o mundo novo. Já vivem, como curadoras das feridas socioambientais, uma conversão ecológica. Meu interesse é dar voz aos que não contam suas histórias, ou pelo menos que não são reconhecidos pelas narrativas "oficiais" e que sustentam os sonhos desse tempo novo. Ecologia Integral corresponde à possibilidade de um novo paradigma, mais atento a uma visão poliédrica da existência humana interligada com o meio ambiente. O futuro depende de uma mística biocêntrica ou (bio)teológica.

Nesta etapa primeira do caminho, trarei elementos sobre o contexto das vítimas socioambientais de hoje. Passarei pelos escombros humanos e naturais, no desejo de descobrir o rosto de Deus nos desfigurados de hoje. A categoria da vítima que sobrevive terá seu respaldo, sobretudo, em minha experiência pastoral. A partir de 25 de janeiro de 2019, com a tragédia/crime da Vale na mina do Córrego do Feijão, que matou 272 pessoas e destruiu a Bacia do Rio Paraopeba, acompanhei o drama de pessoas, comunidades, famílias violentadas diariamente em seus direitos básicos de vida. Brumadinho é o laboratório prático, uma espécie de campo de comprovação científica. Certifica a validade das reflexões deste presente texto. A minério-dependência exemplifica o domínio de uma elite mundial que, por intermédio de multinacionais, controlam territórios, pessoas e a coletividade. Mas, em meio a esse processo de colonialismo capitalista, encontram-se ilhas de afetos de coletivos que resistem, pautando alternativas de outro mundo. Se os ricos são insensíveis, as vítimas se organizam pelo direito de resistir.

MEUS PEDIDOS

Pedi ao santo anjo, estrelas
– Ele me disse: em céu nublado
É preciso acendê-las

Pedi ao sábio, boas amizades
– Ele me disse: é no caminho
Que se prova lealdade

Pedi ao jardineiro, um jasmim
– Ele me disse: no deserto
Cultive um jardim

Pedi ao pescador
Peixes aos montes
– Ele me disse: o rio secou
Cuide das fontes

Pedi ao poeta, rima de alento
– Ele me disse: palavras?
Busque dentro

Violência sistêmica: o capitalismo dominou o planeta

Organizadores da EXPOSIBRAM
– Exposição da mineração –
Elogiam a oferta de produtos limpos aos clientes
Que capitalismo demente
O evento acontece em Belo Horizonte
Enquanto isso, o que a mineração deixa do nosso lado?
Essa nuvem de poeira
Que está matando nosso povo sufocado

De tanto tamanho, a modernidade encolheu-se. Seu paradigma técnico-científico trouxe luzes. Os avanços culturais eurocêntricos nos deram confortos. Mas também escondeu preconceitos vitimários. Ela se pautou, no campo do pensamento, pela confiança de que seria a era melhor, arvorando-se na crença da história retilínea, na concepção de desenvolvimento como sucessão de etapas que se superam até chegar a época perfeita. O capitalismo neoliberal se apropriou dessa ideia. E deu no que deu. A imposição violenta de uma verdade única, a do poder do capital. Crepúsculo baseia-se em outra perspectiva. Reconhece as glórias herdadas, mas quer ser uma reflexão a partir das sombras. Sobretudo no reconhecimento do que a verdade absoluta escondeu.

A filosofia hegeliana talvez tenha sido o ponto máximo da metafísica. Principalmente na sua concepção abstrata de verdade. Ao objetivá-la, passou-se a propor modos de executá-la. Suas pretensões de domínio geraram práxis de extermínio. Por isso, houve o descarte das sabedorias do sul. Por conta de seu estilo seletivo, supervalorizou-se o que veio da Europa. Com isso, no coração da verdade objetiva, viu-se projetos de exclusão cultural. A periferia, na qual se encontra a América Latina, foi relegada a uma etapa inferior diante da superioridade do "pensamento alemão". Com isso, a filosofia prestou seu grande serviço ao domínio, justificando atrocidades contra a humanidade, como o racismo. E a teologia, em diversos cenários, acompanhou esse discurso, de modo que, a exclusão é uma tragédia a ser superada a partir de novas epistemologias e práticas decoloniais. Mesmo querendo ser liberal, o pensamento moderno traiu-se nas vias práticas do preconceito, por tudo aquilo que foi capturado por instâncias de domínio.

Apesar de todo esforço de inculturação, filosofia e teologia modernas, em muitos casos, deram suporte ao *modus operandi* neoliberal. Ao construírem seus conceitos, considerando-se senhoras de um pensar mais evoluído, não reconheceram continentes inteiros como a África, com suas sabedorias e crenças locais. Elegeram o Mar Mediterrâneo como centro de união das três partes do mundo: Europa, Ásia e África. Por exemplo, no que diz respeito aos negros, Hegel descartou qualquer indício de alguma objetividade no pensamento deles. Ou seja, para "o metafísico" eles nada sabiam sobre Deus, Lei etc. Apenas conheciam a brutalidade da vida. "Quer dizer, para Hegel, a Europa cristã moderna nada tem que aprender com os outros mundos, outras culturas."[1] Essa base filosófica forjou também um pensar teológico. Nossa experiência cristã na América Latina está ainda atrelada,

---

1 DUSSEL, Henrique. *1492, el encubrimiento del otro. Hacia el origen del mito de la modernidad.* La Paz: Plural Editores, 1994, p. 19.

em grande parte, a esse modelo. Quando não há argumentos que convencem na prática, é comum apelar para os dogmas. Quantas vezes eu mesmo ouvi, com suspeita, a pergunta: onde você fez seu doutorado?

O ego europeu lidou com as populações dos mundos descobertos como não-egos. "O ego moderno apareceu em sua confrontação com o não-ego; os habitantes das novas terras descobertas não apareceram como outros, senão como o mesmo a ser conquistado, colonizado, modernizado, civilizado, como matéria do ego moderno."[2] Ele se impôs por essas américas numa condição de conquistador do não-outro. O estilo de pensar da modernidade tornou-se então um estilo de agir. A hegemonia do pensamento transformou-se também em domínio dos corpos diferentes que deveriam ser submetidos. Ego fálico, o do conquistador violento e guerreiro. O domínio do pensar transformou-se em imposições práticas de uma única civilização, a Europeia.

A imposição da metafísica moderna, narrativa de uma cultura ideal europeia, não se restringiu ao campo das ideias. Deu-se como prática de captura, escravidão dos corpos, principalmente das mulheres. O mundo das paixões, das pulsões sexuais foi domesticado por uma visão machista. "Sexualidade puramente masculina, opressora, alienante, injusta. Se se coloniza a sexualidade índia, enfraquece-se a erótica hispânica, se instaura a dupla moral do machismo: dominação sexual da índia e respeito puramente aparente da mulher europeia."[3] A corporeidade indígena foi vista apenas como mão-de-obra barata, corpo sem autonomia, sem histórias, a ser subjugado de acordo com os interesses de uma cultura superior, branca, machista e cristã. Eram considerados selvagens

2 *Ibidem*, p. 36.

3 *Ibidem*, p. 51.

e irracionais. Portanto, ou aceitavam a cultura imposta, ou eram excluídos.

O domínio também se fez acompanhado de uma captura espiritual. Nada mais sério do que usar o nome de Deus como comprovação da supremacia de um povo. Em nome de um crucificado, crucificaram. Processo ambíguo o da cristandade. "Os indígenas veem negados seus próprios direitos, sua civilização, sua cultura, seu mundo… seus deuses em nome de um deus estrangeiro e de uma razão moderna que deu aos conquistadores a legitimidade para conquistar. É um processo de racionalização próprio da Modernidade: elabora um mito de sua bondade (mito civilizador) com o qual justifica a violência e se declara inocente do assassinato do outro."[4] A partir da ideia de um pensamento superior, conquistaram os territórios e os corpos. Essa é a lógica que impera em toda mentalidade colonialista. No pensar, é metafísica; na terra, é colonialista; no corpo, é branca e machista; na religião, é norte global e da cristandade. E o que acontece com o que não cabe nessas "caixinhas"? Vira erva daninha. Sistematicamente expurgadas. Mais nada.

O capitalismo é a concretização da ignorância da verdade única. Em "una teoria sobre el capitalismo global", Robinson apresenta como a globalização é o ponto de chegada da longa história de evolução do sistema que domina o mundo e que teve seu início há cinco séculos na Europa, com a queda do sistema feudal. Tornou-se o estilo de sociedade que capturou todas as outras formas. Entre 1492 e 1530, a América Latina foi colonizada e incorporada à sua expansão. Página terrível, na sequência dessa história, foi a escravidão. "Centenas de milhões de pessoas perderam sua vida em guerras coloniais de conquista, muitas raças

4 *Ibidem*, p. 56.

e grupos étnicos desapareceram literalmente da face da Terra, exterminados, e sociedades inteiras foram transtornadas e colocadas em dificuldades."[5]

Mesmo não as eliminando, o capitalismo global capturou as economias locais. E fortaleceu-se como superestrutura mundial. Uma bolha que facilita a mobilidade dos mais fortes em detrimento dos mais frágeis. As corporações dinâmicas são as que mais fazem inversões globais. Sobre a base forte de uma estrutura social transnacional, seu fundamento se dá em preceitos econômicos que, para manterem-se vivos, precisam de um discurso cultural hegemônico. De modo que "a marginalização cultural e a privação e exploração econômica são inseparáveis e constituem os lados de uma moeda, dimensões gêmeas de uma mesma estrutura de relações de domínio".[6] Os ícones que inspiram comportamentos gerais nas culturas globais estão agindo também em nome de perspectivas econômicas transnacionais. Os carismáticos midiáticos são figuras simpáticas, em função dessa megaestrutura.

Nesse grande domínio, economia, cultura, religião e outros fatores sociais estão interligados em favor de uma elite internacional e de um estado transnacional que permite que essa elite controle o planeta Terra. O neoliberalismo é uma superestrutura que regula a economia mundial, a partir do mercado e da integração global de cada economia nacional. Com o apoio dos meios de comunicação de massa, da publicidade, impõe-se cada vez mais uma cultura do consumismo, do individualismo e da competição. Do outro lado dessa moeda, que vira na descontinuidade

---

5 ROBINSON, William. *Una teoría sobre el capitalismo global. Producción, clase y estado en un mundo transnacional.* Bogotá: Ediciones desde abajo, 2007, p. 19.

6 *Ibidem*, p. 48.

de nossas vilas e cidades, o que aparece? Aumento da pobreza, da fome, das desigualdades, dos conflitos políticos e a destruição da biodiversidade na Terra.

O domínio de um estado transnacional, regido por uma elite global, bloqueou a democracia e está dando provas de sua insustentabilidade. O que se tornou o neoliberalismo? Ao invés de ser dirigido pela liberdade, tem sido uma fábrica de sacrificar corpos e a natureza. Ainda haverá forças para uma (contra) hegemonia? Difícil enxergar saídas a não ser pela alternativa socialista democrática. A disputa é por outras narrativas mais amplas e abertas. Já conhecemos o pensar e o agir do sistema vigente. Sua referência é a verdade única que se pôs a serviço do lucro de uma minoria. A maneira de operar é dominando a terra, os corpos, as culturas, os saberes. Na resistência, é urgente inventar, a partir das lacunas, o discurso que inclui a diversidade, a práxis que não esconda o corpo excluído de quem está em situação de rua ou de quem sofre preconceito por ser LGBTQIA+. Sem isso, não haverá justiça nem paz.

MARIA LUIZA

Do lado de lá
A terra tomada
E uma máquina
Do rico, ancho
Tão agitada
Para quê?

Banir a choça
Do pobre
Já em ais
Sua parca roça
E ter mais

Do lado de cá
A gente canta
Na poeira tanta
E faz de novo
Sem assombro
O quilombo
De nosso povo

E no meio
Dos atingidos
Um broto de vida
Dando guarida
Na resistência

Em pleno sol
De brincar
Não se cansa
Linda criança
Que é brisa
Maria Luiza!

Comunismo hermenêutico: uma clareira de contra – hegemonia

É preciso combater essa mentira perversa que corre nesse país
De que o Brasil está ameaçado pelo comunismo
De que ele vai acabar com a liberdade religiosa
Maquinações do fascismo
Que coisa falaciosa
Enquanto isso, nos esquecemos da aguda crise socioambiental
Da fome brutal

De tanta verdade, a cultura global declinou-se em tudo o que significa pós-modernidade, sua filha inesperada. Sou defensor do "pós", em sua principal profecia, a luta pelo reconhecimento de que a vida é poliédrica. Uma revolução contra a verdade única. As culturas são diversas. E defendo isso a partir da fé cristã. Do seu princípio kenótico, caridoso e fraterno. Sei também que, no entardecer do moderno, resistem estruturas rígidas. São os extremismos políticos, religiosos etc. O fascismo está vivo no meio da crise. Em plena estação pós-moderna ressurgem fantasmas de extermínios. Provas de seus danosos vestígios? Os corpos feridos. Estima-se que, em breve, 1,2 bilhão de pessoas estarão refugiadas por conta do aquecimento global, resultado de uma metafísica que se incorporou em obsessão prática de destruir a Terra. A pós-modernidade é vulnerável, em dupla vertente. De um lado, a aguda fragilidade imposta por um sistema de morte; do outro, está a defesa da hermenêutica, do pensamento enfraquecido, plural. De ambos os lados, a gente sofre por tudo o que se fala; mais ainda, quando se cala. Por isso, insisto nessa hipótese: ainda não somos pós-modernos o bastante. É preciso ir adiante, continuando o enfraquecimento de todas as estruturas violentas, subjetivas, sociais, ambientais e teologais.

Ser contemporâneo sem enxergar as vítimas socioambientais é continuar promovendo um tipo de narrativa de quem controla. O excesso de diplomacia, a quem beneficia? Em sua obra "Comunismo Hermenêutico", Vattimo faz uma denúncia ao chamar os sistemas globais de governo de democracia bloqueada. Propõe o pensamento enfraquecido como pensar a partir das vítimas. O pensador, mais que interpretar o mundo, deve assumir também seu papel de transformação. Os pobres são o material de descarte de uma sociedade capitalista. Nela, os vencedores se consideram titulares da verdadeira consciência, da justa democracia, dos sistemas econômicos e das guerras humanitárias. "Essa é a razão pela qual na maior parte dos diálogos de Platão a verdade não é um resultado, mas é sempre pressuposta por aqueles que oportunamente interrogam os outros."[1]

O pensamento enfraquecido denuncia o vínculo que há entre verdades absolutas e domínio dos poderosos sobre os pequenos. Toda metanarrativa serve sempre a um grupo, uma classe hegemônica. Para mantê-la, não hesita em chegar ao uso da força, das armas, das guerras. O capitalismo neoliberal age conforme essa

---

1 VATTIMO, G.; ZABALLA, Santiago. *Comunismo hermenêutico. De Heidegger a Marx*. Milão: Garzanti, 2014, p. 35.

lógica, capturando não somente os territórios, mas sobretudo as narrativas, até chegar ao nome mais sublime, que é o de Deus. O neoliberalismo representa esse auge metafísico teocrático. Nele, os fracos não possuem histórias porque sobrevivem às margens da história narrada pelo fascínio de quem domina. Com frequência, os grandes justificam a manutenção de seu status pelo uso da violência. Criando mitos de que os oprimidos não possuem capacidade por si mesmos, de que não são nada sem a generosidade dos dominadores etc. Não há espaço em Brumadinho para quem é contra a mineração. Morrerá na contramão, atrapalhando o trânsito. Atropelado por tanto caminhão carregado de minério, o único conteúdo que é levado a sério.

Pensar a partir da drástica realidade dos corpos das vítimas, exige uma boa dose de anarquia. Não na desmesura do que reproduz violência, mas na paz inquieta que emerge de um "dar voz" ao que foi calado por conta do preconceito. A hermenêutica é uma posição política perigosa, porém extremamente libertadora. Mesmo que sofra, por conta dos seus riscos relativistas, os méritos práticos são indubitáveis. Tal eficácia remete-se a Hermes, o mensageiro dos deuses, de pés alados. Notável pela sua velocidade, sua boa forma física e a prontidão com que entregava os anúncios, advertências e profecias dos deuses do Olimpo. Mas era sempre acusado de traidor por distorcer a comunicação. Porque também incluía sua própria interpretação. No entanto, é exatamente nisso que consiste a chance da hermenêutica. Na interpretação daqueles que não têm voz.

Acreditar que exista apenas uma visão do mundo resulta sempre em cadeias de violência. A profecia da hermenêutica pós-moderna é a profecia contra as grandes narrativas, entendidas como leituras dominantes da realidade. De fato, tais concepções unitárias da história não passam de jogos de interpretações a serviço dos que dominam. Enquanto a força dominante consegue manter sua visão de mundo, goza de predominância política em nome de sua verdade. Ao contrário, a hermenêutica é o reconhecimento dos relatos calados. Da sombra da verdade. O que está fora da normalidade, taxado como impróprio. Enquanto o pensamento único captura ideias, corpos e crenças, queimando ou estigmatizando saberes e implementando os horrores das ditaduras, o hermeneuta ajuda os corpos calados a se manifestarem, vagueia na dança incerta das pulsões, com suas belezas e arranhões.

Hermenêutica é a ocupação do guiar projetos democráticos e não conceitos fixos. Arte da moralidade enfraquecida, sem donos absolutos. Exercício de uma liberdade responsável de grupos e pessoas que respondem aos seus problemas com esforços mútuos. O liberalismo genuíno seria, com isso, não a imposição de regras preconceituosas, que funcionam a favor dos dominantes, como são as regras do mercado e dos grandes meios de comunicação. O liberalismo verdadeiro seria a capacidade de, constantemente, levar o ser humano a recriar-se a si mesmo, pautando-se no referencial caridoso, garantia da dignidade a todo ser humano como intérprete da história. Se alguém ocupa o lugar de quem tenta convencer o outro, esse alguém é colonizador.

A vida é mais bonita quando aberta ao encontro com o diferente. Aumenta a possibilidade de crescimento. Porque o amor rompe com o ego absolutista ao vislumbrar a interdependência de tudo. O passo que nos resta é o crescimento de uma nova consciência de nossa interdependência. Não só de nós mesmos, *homo sapiens*. Mas de tudo que se encontra nesse misterioso emaranhado do universo. Quem diz isso, o tempo todo, é a fraqueza de amar. Sei que muitos pensam que amar é exemplo de força, oportunidade para possuir o objeto amado. Grande engano. Só ama de fato quem aceita o desamparo e não tenta preenchê-lo. A grande lição de amar é ajudar a gente a entender que sozinhos não somos nada.

Confesso que quando me deparei com esse conceito de Vattimo, comunismo hermenêutico, quis evitá-lo. Por muito tempo também pensei que saber sempre supõe o comparativo, de que uns sabem mais, outros menos. E que comunismo era coisa fracassada. Logo, deparei-me com sua plausibilidade prática. A potencialidade de uma sociedade que se constrói tendo como base a equidade é que ela supera o pior de nós. O domínio que escraviza. Uma sociedade igualitária, funda-se na profecia dos bens comuns, da partilha. "Numa condição na qual os fracos estão aumentando, a estrada neoliberal de uma economia capitalista, com a sua atenção ao desenvolvimento acelerado, confirma-se não socialmente improdutiva, mas também destrutiva para a humanidade em geral."[2]

O discurso dos vulneráveis tem suas raízes cristãs. Foi o Filho de Deus que se mostrou assim. No esvaziado de não ser completo, capaz de quebrar os grilhões da violência. Amai-vos! O artífice de um reino de outro mundo foi crucificado. E sua cruz é um evento também político: define o lado divino na história humana. Todo poder autoritário será deposto. A cruz de Cristo é uma opção pela fraternidade universal. E no direito de toda vida que pulsa nessa Terra. Jamais a guerra. Em se tratando de Igreja, que longa seja a sua luta para combater a injustiça social. Esse pecado estrutural. Se no céu há um Deus comunhão, amor trinitário; na casa comum, todos somos irmãos. Não pode faltar na mesa de ninguém o pão e a palavra. Partilha de ideias e dos bens com os que nada têm. O reino dos céus, na Terra da gente, ainda que seja semente, é bom que se plante. No meio dos pequenos é que a gente se torna grande. O "homo sapiens" nunca foi tão responsável por determinar seu futuro. Se acabarmos com as florestas, o colapso será inevitável.

2 *Ibidem*, p. 121.

CANDEIA

Se a noite é longa e triste
E o diabo, coisa ruim, insiste
Em divulgar suas Fake News

Acenda na alma a candeia
Que Jesus, o amor, clareia
A flor que ainda não se viu
Um olho no peixe, o outro no gato
Sem essa de o pobre pagar o pato

Outra globalização: a partir do grito dos corpos da terra e dos pobres

Em Brumadinho, respirando fundo para ajudar mais
Estamos num mar revolto, sem ver o cais
A enchente tirou de casa nossa gente
Buscamos saída, com poucos lados
Estamos ilhados
O que conforta é o corpo todo no meio do povo que sofre
E a fé de que Deus está desalojado conosco

A insustentabilidade do capitalismo se inicia pelo seu discurso. Por querer sustentar uma narrativa que controle as outras, eclode-se na revolta dos fragmentos esquecidos no que grita nos corpos das vítimas humanas e da natureza. Darei mais um passo nessa compreensão da crepuscular travessia contemporânea, ao trazer o corpo concreto das vítimas para nosso texto. O neoliberalismo capitalista que dominou o planeta é uma ideia absoluta de sistema de vida, baseado no lucro, que gera a aguda diferença entre uns corpos saudáveis e outros descartáveis. Falo dos corpos fragilizados pelo consumo excessivo de agrotóxicos. Dos quilombolas e indígenas sempre ameaçados em seus territórios por extrativismos predatórios. Dos corpos dos rios Doce e Paraopeba, totalmente destruídos pela ganância das mineradoras

Vale, Samarco e de suas parceiras. Das 19 vidas humanas ceifadas em Mariana; das 272 joias soterradas, em Brumadinho. Falo dos animais mortos pelo caminho.

Segundo Boaventura de Souza, é urgente uma articulação entre processos políticos e civilizatórios, rumo a uma nova sociedade que tenha postura mais humilde nesse planeta. "Uma humanidade que se habitue a duas ideias básicas: há muito mais vida no planeta do que a vida humana, já que essa representa apenas 0,01 por cento da vida existente no planeta; a defesa da vida do planeta no seu conjunto é a condição para a continuação da vida da humanidade."[1] O neoliberalismo colocou no pedestal não as vidas, mas o capital financeiro. É esse ponto que nos jogou numa crise global jamais vista. Estilo de economia que ignorou os corpos vivos em suas cadeias interdependentes e os ciclos da biodiversidade. Os preços desse equívoco são altos, sobretudo para os pobres e para o equilíbrio do planeta.

Eco-apartheid é o nome para a separação que a cultura industrial causou no ser humano. "O 1 por cento, economicamente e politicamente potente, desvinculado da terra e da humanidade, inclusive da sua, está procurando assumir o controle de cada âmbito de nossa vida."[2] Esquecem a interconexão de tudo que é vivo, de tal modo que insistem em defender um sistema baseado na separação que coloca em risco a nossa própria espécie. Esse estilo de vida neocolonial é arrogante. Age como se somente o colonizador fosse dotado de saber, fazendo com que a inteligência evolutiva e ecológica seja reduzida apenas a algo mecânico. Elege-se um tipo de conhecimento avançado, mas sem sabedoria. Morte

---

1 SANTOS, B. S. *A cruel pedagogia do vírus.* Coimbra: Almedina, 2020.

2 SHIVA, Vandana; SHIVA, Kartikey. *Il pianeta di tutti. Come il capitalismo há colonizzato la terra.* Milão: Feltrinelli, 2019, p. 16.

do futuro, porque mata-se a genética das ancestralidades. Derrubar uma floresta é eliminar uma gama complexa de informações fundamentais para o bem viver das espécies e nossa. Temos que superar essa fossa.

Nosso corpo está interligado à biologia geral. Estima-se que os micróbios que temos no estômago sejam cem mil vezes mais numerosos do que todos os habitantes humanos do planeta Terra. Ou seja, cem mil vezes mais que 8 bilhões. O sistema científico não dá conta de compreender que pessoas simples, que sobrevivem com suas tradições culinárias, por exemplo, também são cientistas. A superação desse tipo de ciência é ponto fundamental para nossa sobrevivência. Pois ela está a serviço apenas do 1 por cento da população mundial. Causando danos irreparáveis ao planeta e aos corpos humanos, em nome do lucro. O atual sistema alimentar agrícola, que se mantém com o uso da química e com a mutação genética dos organismos, julga-se mais produtivo. Por outro lado, consome dez vezes mais do que a energia usada na agroecologia e "já destruiu 75 por cento do solo, da água e da biodiversidade do planeta; e é responsável por 50 por cento das emissões dos gases escuros que alimentam a mudança climática".[3]

O império do 1 por cento é responsável pela separação, violência, colonização, extrativismo e extinção de espécies. Ele impõe trágicas separações: dos humanos em relação à criação e em relação a si mesmos, de nosso eu em relação às nossas heranças, aos territórios e de nossa razão autossuficiente em relação ao criador. A máquina do 1 por cento domina de forma violenta e sua captura se dá num panorama epistemológico e prático que são globais. Utilizando, sobretudo, as plataformas virtuais, as senhas digitais, os cadastros das pessoas e dos grupos, a partir de seus interesses,

3 *Ibidem*, p. 24.

para vender produtos com um preço ecológico muito alto, interrompendo sabedorias impressas nas sementes crioulas, nas culturas milenares, que foram adquiridas ao longo de tanto aprendizado. Como seria diferente nossa escola se ela ensinasse o diverso das narrativas. Seríamos pessoas muito mais criativas. Não somos educados a partir do princípio da biodiversidade. Aprendemos, desde cedo, as vias da exclusão. Já faz tempo que busco a literatura chamada marginal e, hoje, sem ela eu me sentiria muito mal.

"A polarização econômica não está simplesmente agigantando a profunda desigualdade entre o 1 por cento e os 99 por cento, mas está também brutalizando os excluídos e desenraizando milhões de pessoas de suas casas."[4] O domínio não nos separou somente da natureza, mas também uns dos outros. Dividir para dominar é um slogan muito visível das estratégias de multinacionais nos territórios. Tudo isso favorece quem possui o poder, o controle das narrativas. Essa egolatria de uma minoria sem lei joga grande massa de pobres na exclusão. E para avançar as táticas dos monopólios, investe-se em inteligência artificial e mecânica. A próxima revolução, se ainda houver tempo, será a luta por uma vida humana mais humilde. Que respeite as minúcias das redes que compõem o tecido poliédrico de nosso planeta.

A tentativa de domínio da Terra se esqueceu de que ela também é um corpo vivo, com suas próprias leis. A mentalidade bruta, que fere, é incapaz de escutar a pluralidade dos saberes humanos e biológicos. Cada espécie é uma biblioteca que a natureza produziu ao longo de muitos anos. O mesmo acontece com os saberes das mulheres, dos campesinos, dos indígenas. Destruir tudo isso em nome de um saber dito superior, é destruir os códigos de tanta vida que pulsa. O que globalizou em Brumadinho? Não foi a defesa das

---

4 *Ibidem*, p. 33.

culturas locais diante da mineração. O que ressoa naquele crime é a consequência global de um discurso único. Extrativismo está autorizado por governos e pela justiça a dominar o território, os saberes, com sua narrativa de que é em prol do desenvolvimento. Quanto mais entro nas profundidades desse absurdo crime socioambiental, mais vejo as consequências de uma ditadura global. 272 joias mortas, a bacia do Paraopeba toda comprometida e estruturas sociais completamente destruídas.

A mesma estratégia de controle dos indígenas e dos agricultores é também o que acontece em relação às nossas vidas pessoais pelo Facebook, pelo Google etc. A última fronteira da mente mecânica é a redução do mundo em comunicações fragmentadas. Tornamo-nos peças de controle no grande tabuleiro do mercado. "O 1 por cento não é só uma quantidade: é um sistema, um sistema econômico plasmado pelos ricos e poderosos, no qual a avidez desenfreada e a acumulação são consideradas virtudes que a sociedade deve recompensar, ao invés de serem uma aberração a ser corrigida por meio de processos sociais e democráticos."[5] De fato, esse 1 por cento joga o jogo financeiro de seus próprios interesses. Torna-se ecocida e genocida. Ele acumula, hoje, o equivalente ao que possui 3,6 milhões de pessoas, quase metade da população mundial.

A economia financiária elimina a economia doméstica que alimenta as comunidades. Tudo se concentra nas mãos de poucos que fabricam dinheiro sem trabalhar. Sobrevivem de especular. A aliança que as multinacionais fazem com os poderes políticos, garantem-lhes o domínio e a aprovação de seus interesses. A liberdade existe para os grandes, enquanto os pequenos ficam presos a processos que os capturam com muita facilidade. O grande caos

---

5 *Ibidem*, p. 42.

que se instaura é resultado do modelo econômico extrativista, que age em função do acúmulo de riqueza. Quando digo que o tempo contemporâneo tem como marca a vulnerabilidade corpórea, estou falando de um sofrimento sistêmico que recai, sobretudo, no corpo dos pobres e da terra.

"O nosso maravilhoso planeta evoluiu-se por 4-5 milhões de anos e sustentou a vida da humanidade por 200 mil anos. Temos cultivado a terra por 10 mil anos sem empregar toxina nem veneno. Comemos mais de 10 mil espécies de plantas, selecionadas com inteligência à procura de diversidade, nutrimento, gosto, qualidade e resiliência. Hoje, a terra, nossas fazendas, nosso pão cotidiano são envenenados e poluídos, e o bem-estar do planeta e dos seus habitantes está em risco."[6] O alto índice de pesticidas está diretamente ligado às doenças como câncer, Alzheimer e Parkinson. A companhia Monsanto, empresa multinacional de agricultura e biotecnologia, com sede nos Estados Unidos, lidera a produção mundial de herbicida glifosato, pesticida agrotóxico, vendidos sob a marca *Roundup*.

Já existem suficientes pesquisas que mostram como esses venenos influem no aumento do câncer. O controle é a forma de operar de todas essas multimarcas. Há um ataque global para destruir a agroecologia, em nome do grande comércio de pesticidas. O agronegócio se impõe cada vez mais. A partir da experiência indiana, Vandana Shiva considera que a revolução verde de 1965 destruiu 75 por cento das bacias hídricas, além de desertificar e degradar 75 por cento do solo. A agressiva perda de 93 por cento da biodiversidade vegetal, o risco de extinção dos polinizadores biológicos e a mudança climática, do qual a agroindústria contribui com 40 por cento, são outros resultados do agronegócio. Essa realidade é

---

6 *Ibidem*, p. 65.

escondida pelas belas propagandas que vemos nos meios de comunicação. Para o marketing, agro é pop; para o corpo da terra e da gente, agro é tóxico.

Mapeamento dos genomas é outro drama em nome da posse das patentes. Verdadeira biopiratária, com maquiagens de inovação, como as que faz a Bill Gates Foundation. Esse 1 por cento da humanidade impõe uma planificação que é a morte da biodiversidade. Uma vitória do esquecimento sobre a memória e a eliminação das vítimas a partir da imposição do dinheiro. Com tanta violência que coloca riqueza e os colonizadores de um lado e, do outro, a marginalização dos colonizados. Globalizou-se o acúmulo na mão de poucos e a pobreza rondando grande parte da população mundial. Na IV Romaria pela Ecologia Integral a Brumadinho, em 25 de janeiro de 2023, participei da coletiva de imprensa, uma mesa com presença das religiões, movimentos sociais, agricultores, indígenas, familiares de vítimas. Foi unanimidade a fala de que mineração mata. Basta! Então, pensei: é um absurdo continuar com essa lógica, a dos interesses multinacionais em detrimento da soberania popular.

No Brasil, no total de 211,7 milhões de brasileiros, 125,5 milhões convivem com alguma insegurança alimentar. 33 milhões enfrentam a fome; 15,5 por cento da população brasileira. Desde 2016, com o desmonte das políticas públicas e a Pandemia, a insegurança alimentar grave subiu de 9 por cento para 15 por cento. As causas são variáveis. A maioria delas tem raízes humanas. Fatores climáticos, guerras e tragédias não são seus únicos causadores. A estrutura fundiária, com os latifúndios, revela a aguda diferença entre ricos e pobres. "Política agrícola perversa, que coloca o sistema produtivo a serviço do sistema econômico-financeiro."[7] O agronegócio está em

7 CNBB. *Texto base da Campanha da Fraternidade 2023*. Brasília: Edições CNBB, 2022, p. 31.

função das commodities. A questão do trabalho é também grave. "Quem inventou a fome são os que comem."[8]

O domínio de 1 por cento da população mundial sobre os povos e a Terra está nos levando ao limiar de um precipício. Atravessamos a encruzilhada que nos coloca entre duas opções. Ou assumimos o protagonismo dos corpos feridos e sobreviventes da Terra e de nossos povos como ponto de partida para a construção de uma nova civilização ou a barbárie será cada vez mais presente, em nome de um suposto desenvolvimento científico global. É por uma nova globalização que devemos lutar. Para salvar a civilidade e a biodiversidade. Pilares fundamentais para a sobrevivência de nossa espécie na casa comum. Somos natureza, em sua biodiversidade, e tudo está misteriosamente interligado entre toda a matéria criada.

A forma de domínio capitalista neoliberal expande-se na busca frenética de uniformizar culturas e suas crenças. Seu objetivo é capturar os corpos, tornando-os apenas objetos de consumo. Perde-se, com isso, a beleza de todas as riquezas que tornam a vida um mar de surpresas. "Liberar-nos do 1 por cento e de suas construções não é somente possível, mas é também indispensável... é uma necessidade democrática, porque o domínio do 1 por cento é uma ditadura violenta. Destrói as nossas liberdades fundamentais e a liberdade de desenvolver-se de todos os seres viventes em um mundo feito de interrelações."[9] Cabe a nós, na resistência do pensar enfraquecido, em defesa dos corpos vitimados por esse sistema, libertar a inteligência viva de cada ser para ressignificar nossa vida e a do planeta.

---

8 JESUS, Carolina Maria de. *Quarto de despejo, diário de uma favelada.* São Paulo: Editora Ática, 2020, p. 174.

9 SHIVA, Vandana; SHIVA, Kartikey. *Op. cit.*, p. 160.

O caminho mais sólido? Nova democracia que supere o sistema de simples representação, que apenas leva o cidadão às urnas de quatro em quatro anos para eleger seus políticos. A partir do grito dos pobres e da terra, esse "novo" deve basear-se no poder circular, fortalecendo os movimentos sociais, as redes, com suas diversas pautas, cuidando da centralidade antropocêntrica e biocêntrica. Entender a interconexão entre a vida humana e o planeta é condição de possibilidade do reconhecimento do direito da natureza. A nova democracia nascerá da convicção de que tudo está interligado. Há uma profunda associação entre a polissemia das culturas e a biodiversidade do planeta. Promover esse encontro é fundamental para a fundação desse novo, que supere o simples sistema de representação.

A união do Estado, das grandes ou pequenas corporações, operando com autorização dos cidadãos e das forças populares organizadas, são pistas para o que nomeamos como outra democracia; fonte de novo agir pautado na construção de um organismo inclusivo; passagem da violência estrutural do dinheiro para uma economia sustentável; busca do bem comum, de sistemas solidários, que valorizam as iniciativas locais, uma economia verdadeiramente ecológica. Se há controles potentes da posse de sofisticadas tecnologias por parte de uma minoria, é na contramão que devemos caminhar. E organizar a força popular da maioria. Gandhi propôs outro princípio, pautado na produção local, descentrada, doméstica, artesanal. Não uma produção para as massas, mas, produção das massas. No envolvimento de cada corpo que até então foi considerado descartado. Encontro da democracia com toda forma de biodiversidade.

"Na democracia da terra não existem espécies ou culturas sacrificáveis. A diversidade assegura o equilíbrio; o equilíbrio assegura que nenhuma espécie, nenhuma cultura domine sobre a outra."[10]

---

10 *Ibidem*, p. 175.

Cremos em um Deus da diferença trinitária e confessamos que Ele criou tudo, de forma tão polissêmica e interconectada. Então, por que insistir em uniformizar a vida, sobretudo através do padrão heteronormativo? O maior exemplo de lei natural não é a beleza de como tudo se equilibra no universo, entre as pulsões de vida e morte? Nossa democracia deveria ser uma resposta confiante ao fato de que a vida é um diálogo profundo entre tudo. E o ser humano, no lugar de ser um instrumento desafinado, tem a dignidade de um maestro que ajuda na regência da sinfonia universal. Se não existe democracia sem biodiversidade; sem a democracia a biodiversidade estará sempre correndo riscos.

A BUSCA

Não quero dos grandes
De tanta gente tirana
Ideias prontas, insanas
Que colonizam o outro
Causando-lhe dor e morte

Prefiro outra sorte
Nessa imensa natureza
Correr o risco da semente
Que sem saber muito bem
O que lá na frente tem
Ao chão se lança
A espera de um rebento

Como aquele marinheiro
Que ao sair do porto
Nas incertezas dos ventos
Se entrega ao mar

Prefiro ser ave que voa
Nesse imenso céu de ar

A Ti, oh Deus, eu peço
Que mantenha na memória
A gratidão de saber
No caminhar dessa vida
Que de fato sou busca
Simplesmente partida

Mineração: promessa ou destruição apocalíptica?

Mariana, são sete anos
Desde Brumadinho, damos-lhes as mãos
Desistir não é opção
Ainda que a noite seja escura
Mais vale nossa bravura
Enquanto há vida, há luta
Para mudar essa história
Certo, Conceição Evaristo:
"combinaram de nos matar, mas nós combinamos de não morrer"

Escrevo para não morrer, antes da morte. Não foi acidente, como pensa muita gente. Foi crime. A Vale sabia. Em pleno meio-dia! O que era para ser hora do alimento virou um trauma de tormentos. 272 joias mortas. 3 ainda não foram encontradas. Aqui, luto é também do verbo lutar. Para que nunca mais aconteça, lembramos sempre. "Mas o que você acha de mineração sustentável?" Fui abordado em reunião com banco europeu. Respondi: "o dia em que alguém me apresentar uma, acreditarei". Resposta rápida. Não sou economista e nem cientista. Tenho dito muitas coisas, impulsionado por um estigma que não cura, por mais que seja a procura. O que mais caiu com o rompimento da barragem da mina do Córrego do Feijão, em Brumadinho, não foram as vidas ceifadas. Elas tornaram-se sementes. Suas famílias gritam por memória, justiça, reparação e esperança. A derrocada maior foi a de um império perverso que de tão pobre, só tem dinheiro.

"Vamos passar a boiada." Quem não se lembra? Dito e feito. Em plena pandemia do COVID 19, fala do ministro Ricardo Salles. E passou. Os números são alarmantes. Sabemos que o século 21 é marcado por um aprofundamento da reprimarização de nossa economia, na produção de commodities agrícolas e minerais. Política neoliberal já adotada em toda a América latina, no final dos anos 80 e por toda década dos anos 90. Período de destruição de parques industriais e retirada da participação do Estado em setores estratégicos de nossa economia, bem como da perda de direitos sociais, trabalhistas e previdenciário.

A extração mineral no país se insere nesse contexto geral de aberturas de minas, de flexibilização das legislações ambientais, atrelada ao desmonte de órgãos de acompanhamento e controle do setor, o que facilitou a ampliação e o drástico crescimento dessa atividade nos anos 2000. Uma das consequências da crise mundial de 2008 foi o alto investimento de capitais ligados à mineração, principalmente, na cadeia do ouro e no minério de ferro. Também aconteceu a alta dos preços, ocasionado pela demanda chinesa. Consequentemente, ocorreu um aumento dos conflitos nos territórios, acidentes trabalhistas, crimes ambientais, contaminações diversas, rompimentos e/ou vazamentos de barragens de rejeitos e principalmente a sonegação e evasão de divisas cometidas pelo setor mineral.

A partir de 2016, houve aprofundamento dos conflitos envolvendo a mineração no país, justamente pela decisão política do Estado brasileiro em incentivar abertura de novas minas, reduzir o valor e a quantidade de multas aplicadas às mineradoras e estimular as invasões de territórios protegidos (Terras Indígenas, Unidades de Conservação, Quilombos, Parques e Florestas Nacionais, entre outros) para atividade garimpeira. Desde a campanha eleitoral, o Governo que se estabeleceu de 2019-2022, prometera que não iria demarcar mais "nenhuma" terra indígena e quilombola, sendo o foco a exploração mineral desses territórios. E cumpriu. Teve até o "dia do fogo", em agosto de 2019. Fazendeiros do Pará, em apoio às políticas de desmonte ambiental do Governo Federal, fizeram a Amazônia ficar em chamas. Enquanto isso, em Brumadinho, nossa luta era contra a lama. Tudo impune.

O Presidente da República, no dia 10 de outubro de 2019, verbalizou que "o interesse na Amazônia não é no índio, nem na p. da árvore. É no minério! [...] Como é que pode um país rico como o nosso, que tem toda tabela periódica embaixo da terra e continuar vendo vocês aqui sofridos". Infelizmente, construiu sua política governamental para o avanço do garimpo nesses territórios. Segundo dados publicados em setembro de 2022, pelo MapBiomas, desde 2019, é a primeira vez que a área garimpada é maior que a mineração industrial, sendo mais de 91 por cento dessa área concentrada na Amazônia brasileira. Um verdadeiro "estupro" da Mãe-Terra. Enquanto isso, sua rede de fanáticos insistia nos ataques contra opositores, chamando-os de comunistas e abortistas.

Essa concentração foi possível pelos cortes orçamentários no Ibama e no ICMBio, bem como pelo sucateamento dos órgãos de combate e fiscalização. O orçamento liberado para fiscalização do desmatamento no ano de 2019 foi de 102 milhões de reais e ainda sofreu um bloqueio de 15,6 milhões. No ano de 2020, o recurso foi ainda menor: conforme o Projeto de Lei Orçamentária (PLOA), aprovado, foram previstos 76,8 milhões para as ações de controle e fiscalização ambiental do Ibama. Isso significou 25,2 milhões de reais a menos. Outra resultante dessa política adotada foi a quantidade de conflitos que ocasionaram mortes de povos indígenas. O relatório "Conflitos no Campo Brasil 2021", divulgado em abril de 2022, pela Comissão Pastoral da Terra (CPT), demonstrou que o garimpo ilegal foi o principal fator para ocorrer as violências no campo em 2021. Esses conflitos causaram 92 por cento das mortes por conflitos registradas pela CPT. Ouso dizer: há muitas outras ameaças difíceis de serem computadas. A escuta dos gritos da Mãe-Terra é indispensável para enxergar os pecados graves da espécie humana, que tem adorado o ídolo dinheiro e se afastado do Deus vivo e verdadeiro da vida, nossa e de toda a biodiversidade. Que crueldade! Ter deixado crianças morrerem de fome; dos povos Yanomamis.

Destaquemos, mais uma vez, que, em 2019, o fenômeno que fez "o dia virar noite", não foi uma mera alteração climática ou rotação da Terra que havia causado um eclipse. Foi a comemoração pela Flexibilização da Legislação Ambiental realizada pelo Governo Federal, que teve apoio dos fazendeiros no histórico "Dia do Fogo". Um ano depois, nossa Conferência Episcopal publicou a "mensagem sobre as queimadas em território brasileiro", na qual apontou que "essa agressão à Casa Comum, teve como resultado, nos anos de 2019 e 2020, recordes na quantidade de focos de queimadas no Cerrado (50.524 e 41.674), no Pantanal (6.052 e 15.973) e na Amazônia (66.749 e 71.499), totalizando, segundo dados do INPE, 123.325 focos em 2019 e 129.146 até 20 de setembro de 2020, correspondendo a um aumento de 5.821, destruindo grande parte da biodiversidade nesses biomas, ameaçando povos originários e tradicionais", para beneficiar mineradoras, madeireiras e o agronegócio.

Não é somente o garimpo e as queimadas que causam conflitos na região amazônica. A mineração industrial ("legal") é responsável por diversos conflitos socioambientais que ocorrem na região.

O projeto Carajás, da mineradora Vale, foi responsável, diretamente, pelo colapso do sistema público de saúde em Parauapebas, por não ter paralisado suas atividades no início da Pandemia da Covid-19. A Hydro Alunorte foi responsável pelo vazamento de metais pesados (chumbo, sódio, nitrato e alumínio) em Barcarena, também no estado do Pará, sendo ainda descoberto dois dutos ilegais onde eram despejados esses rejeitos em igarapés. Infelizmente, esses casos não são a exceção de problemas sociais e ambientais causados pela mineração "legal".

O acordo entre a Vale e o Estado de Minas Gerais, a partir do crime cometido pela mineradora, em Brumadinho, serviu para fortalecer os programas extrativistas. Do lado de cá, aumento do controle; da parte dos atingidos, reuniões sem resultados. Principal queixa: a falta de participação e a clara submissão dos poderes públicos e da justiça aos interesses minerários. Há um projeto de Rodoanel para a região metropolitana de Belo Horizonte. O povo o chama de rodominério. É um caso sério. Brumadinho não é uma situação particular. É o modo de operar de um sistema que exclui os interesses das comunidades. Em nome do lucro, o que sobra? O sepulcro. Dos corpos, quando são encontrados. E dos sonhos. Nem mesmo o sono fica isento. Em recente debate, apresentei uma situação alarmante. Nenhum calmante tem garantido a paz dessa gente. Sofrimento psíquico é o que eclode nessa chaga irreparável.

E seguem, de maneiras variadas, as táticas de dominação. "Os resultados escancaram que o poder das empresas minerárias se constitui a partir da violação dos territórios, sujeitos, meio ambiente, cultura e identidade das comunidades."[1] Mariana e Brumadinho, como eram, antes dos rompimentos das barragens? A CFEM, de

1 DA SILVA, Murilo et allii (Orgs.). *Mineração: realidades e resistências.* São Paulo: Expressão Popular, 2020, p. 133.

Mariana, paga pela Samarco, correspondia apenas a 8,8 por cento das receitas correntes. Por outro lado, o PIB per capita de 2013 era de R$100.000,00 diante de um PIB brasileiro de R$26.445. Enquanto isso, o censo de 2010 apontava renda média de R$ 1.245,89 dos trabalhadores da cidade. Situação similar à de Brumadinho. Em 2016, tinha um PIB per capita de R$40.099,77 diante do brasileiro que era de R$ 30.407,00, sendo que o salário médio mensal da cidade era de 2,4 salários-mínimos. Essa realidade deixa claro que a população nem tem consciência de que a mineração leva nossas riquezas. E deixa migalhas de resultados para os trabalhadores locais. Criou-se o imaginário de que ela seja um benefício. No entanto, o que os números indicam, é o tamanho do sacrifício.

"A minério-dependência é um processo construído socialmente interclasses, apesar de ser gestado e liderado pelos principais beneficiários dessa relação de dependência, poder e sedução: a classe capitalista transnacional."[2] Suas táticas são variadas. Identificação para criação de laços; conquista do território, sobretudo com a narrativa de que os danos são inevitáveis e pequenos diante dos ganhos que a mineração trará para a região; fragmentação, até chegar à ideia de que a empresa é vítima de aproveitadores. Informações incompletas e muitas trocas de funcionários. Criminalização das pessoas resistentes. Na captura dos atingidos, esse império tem uma de suas armas mais fortes. São beneficiados para manterem a imagem da empresa, enquanto quem resiste é discriminado. A perseguição, intimidação e até a morte de quem se opõe é outra realidade muito presente. Diante da confusão, as próprias lideranças brigam entre si.

O alto investimento em propaganda é estratégia minerária para garantir uma narrativa de que o empreendimento é,

2 *Ibidem*, p. 139.

indiscutivelmente, bom para todos. Sobretudo, com a "falsa mídia" de seus compromissos socioambientais. No entanto, tudo isso é apenas imagem, porque nos dois crimes acontecidos, as bacias do Rio Doce e do Paraopeba continuam destruídas. É crime continuado. Um buraco sem fundo. No meio de tantas disputas, haja lutas! Em um olhar mais amplo, é visível no campo um verdadeiro cenário de guerra, do qual somente as mineradoras possuem o mapa. Enquanto o povo, as comunidades, os movimentos sociais, assessorias técnicas correm atrás de alguma informação para manter viva a chama da defesa dos atingidos. Jogo de forças desproporcional. E viva o deus capital! Dourado também de muitas igrejas. Sorte difícil para quem não disser "assim seja".

Constatamos, como em outras paragens, as consequências dessa engrenagem. Fazem aqui o que não podem fazer nos países mais desenvolvidos. E pior. Quando cessam seus interesses, simplesmente se retiram. Pena que muitos nem acreditam nesse adeus. Pensam que a presença é para sempre. Inimaginável, para esses lugares, a ausência da exploração. "Trem bão!" Faz parte do vocabulário. Tristes cenários. O certo é que, quando vão embora, não adianta implorar. "Deixam grandes danos humanos e ambientais, como o desemprego, aldeias sem vida, esgotamento dalgumas reservas naturais, desflorestamento, empobrecimento da agricultura e pecuária local, crateras, colinas devastadas, rios poluídos e qualquer obra social que já não se pode sustentar."[3]

Esse tanto de sofrer, no corpo da gente, vem também lá do fundo terra. Ela reclama, no meio de tanta lama. Não consegue entender a interferência do lixo da ganância. Grita nos animais, feridos pelas estradas, nas árvores trituradas pela engrenagem

3 Bispos da região da Patagónia-Comahue (Argentina), *Mensaje de Navidad* (dezembro de 2009).

voraz. A água que corria nos córregos, desapareceu. E quem foi que a bebeu? Não foi você, muito menos eu. Poluído, o ar, e essa dificuldade de respirar. A mineração não tem perdão. Seu pecado é contra o Espírito Santo. Fere o hálito do viver. Fiquei amigo de Geneviève Azam. Sua carta à Terra é de muita ternura. "Tuas feridas nos acusam. Sem apelo. Teus acessos de raiva também são reclamações. Sintomas de um enorme desencaminhamento."[4] Conversa de uma filha com sua mãe. Com o susto mesmo de escutar seus gritos. "Você está tremendo em Groningen, na Holanda. Esse campo de gás, um dos maiores do mundo, tornou o tumultuoso Mar do Norte um recurso inestimável. Como resultado da escavação nas profundezas, o solo cede numa área densamente povoada... Em Groningen, o fim da mineração foi prometido aos moradores preocupados para o ano 2030. Isso é muito distante para eles."[5]

O esquecimento da alteridade telúrica está nos jogando numa tragédia sem retorno. Ignoramos as marcas geológicas de 4 bilhões e meio de anos de história. E passamos por cima de tudo. Quantos registros condensados, principalmente nos 200 mil anos, desde quando nos tornamos *homo sapiens*. No agora, a ânsia de vencer a matéria e promover a imagem de um mundo sem resistência, destrói as linhas que sustentam o todo da criação como arranjo múltiplo. De modo que sonhar com capitalismo sustentável é cair num oxímoro perigoso. Como se houvesse "violência pacífica". Impossível encontro de contraditórios que se sustenta às custas dos que não têm o mínimo de dignidade na vida. De vez em quando, sua maldade boa vira cesta básica. Assim, continua Azan: "o

---

4 AZAM, Geneviève. *Carta à Terra e a Terra responde*. Belo Horizonte: Relicário, 2020, p. 47.

5 *Ibidem*, p. 55.

envenenamento da vida não está mais confinado a lugares particulares e herméticos, a lugares malditos. É um evento cotidiano universal, amplificado pela corrida louca e enlouquecedora do capitalismo global".[6] Sua destruição é a fase final de uma civilização que se pautou no acúmulo.

A tradição popular bem diz que Deus perdoa sempre; o ser humano, às vezes; a natureza, nunca. É lei da matéria, a reação. A concepção de que a Terra seja um depósito de riquezas à nossa disposição, é parte da ignorância fundamental. A Assembleia Legislativa de Minas Gerais, no dia 13 de março de 2019, 1 mês e meio depois do rompimento da Barragem da Vale, no Córrego do Feijão, em Brumadinho, criou uma Comissão Parlamentar de Inquérito. Objetivo? Apurar as responsabilidades em relação ao crime ocorrido com o rompimento da mina do Córrego do Feijão. E propor diretrizes para as reparações. Ao longo dos trabalhos, a CPI constatou que houve, por parte das empresas, uma opção pelo risco.

A Vale sabia que a B1 operava com fatores de seguranças inferiores em relação aos que são recomendados internacionalmente. Tüv Süd, empresa alemã, em junho e setembro de 2018, emitiu declarações de condição de estabilidade, mesmo que já houvesse o risco de liquefação. Houve detonações na Mina Córrego do Feijão. Em síntese, "fica mais uma vez evidente que a Tüv Süd e a Vale S.A. tinham conhecimento dos problemas com o fator de segurança da B1, e que as duas empresas agiram para ocultar da ANM e da SEMAD a real situação da barragem".[7] É de consenso das autoridades

6 *Ibidem*, p. 105.

7 A CPI DA ALMG. *Opção pelo risco. Causas e consequências da tragédia de Brumadinho*. Belo Horizonte: Assembleia Legislativa de Minas Gerais, 2021, p. 54.

que o rompimento da Barragem B1 se deu pelo processo de liquefação do rejeito que estava dentro do barramento.

O absurdo de toda essa tragédia, com suas graves abrangências, é ainda mais gritante ao constatar que as empresas, de posse de tantas informações, "não tomaram a iniciativa de retirar da zona de autossalvamento as estruturas de vivência dos trabalhadores: as oficinas, o posto médico, os escritórios, toda a área administrativa e o refeitório".[8] A CPI mostrou os diversos conceitos e nomenclaturas para nomear o rompimento da barragem B1. Pelas consequências danosas à vida, aos trabalhadores, ao patrimônio ambiental, à aldeia Naô Xohã, à fauna e a flora, à água com sua contaminação e abastecimento, aos entes públicos. Os conceitos mais ditos são: acidente de trabalho ampliado, desastre tecnológico, crime ambiental e humanitário.

A orfandade de mais de 105 crianças revela a expansão destrutiva do crime. Gerações inteiras afetadas. E tantas outras violações. Houve omissão por parte da Vale S.A. e da Tüv Süd quanto às medidas para reduzir os danos previstos e conhecidos. Autores foram nomeados. E a Comissão Parlamentar de Inquérito fez uma série de indicações para os caminhos de reparação. Em geral, que haja um processo de vigilância para que não aconteçam os mesmos equívocos cometidos em Mariana. Importante reconhecer questões como conceitos, referências, parâmetros, diretrizes essenciais, governança, reparação na esfera civil, ações emergenciais, questões relativas à Defensoria Pública, reparação na esfera trabalhista, articulações para reparação, direitos assegurados aos trabalhadores e familiares, mortos e sobreviventes, reparação na esfera ambiental e na esfera pública. Na esfera criminal propôs-se realizar o indiciamento, e aos Ministérios Públicos Estadual e

---

8 *Ibidem*, p. 73.

Federal que denunciassem os investigados. Ao MPF que avaliasse a possibilidade de um inquérito policial. Às Polícias Civil e Federal e ao MPF e MPE, que fizessem várias apurações. À Vale S.A. exigiu a participação nos processos de reparação de todas as comunidades afetadas da Bacia do Paraopeba.

Fez recomendações aos setores políticos, aos diversos órgãos do Meio Ambiente, da Economia, da Saúde etc. Concluiu com um apelo por um novo modelo de mineração, afirmando que "o que se impõe, na verdade, é uma outra concepção de mineração, tanto econômica quanto ética, que se traduza em uma prática produtiva e socioambiental realmente nova, garantida na legislação e nas políticas públicas do Estado para o setor em todos os níveis de Federação".[9] Tudo recomendado, mas onde estão os resultados? Resta a luta suada. Sem tempo de viver o luto. E a perseguição que aperta. Os coletivos não conseguem avançar. E o governador de Minas Gerais reeleito. Com dinheiro de acordo indo para o segundo pleito. Rompimento de barragem parece lucrativo. O jeito é andar, porque quem não caminha não sente o peso do que lhe acorrenta. Então, para transformar, é que a gente aguenta.

Na história de Minas Gerais, é justo dar um passo atrás. Esse caos tem herança antiga. Não podemos perder a memória. Em Itabira, MG, é possível ver o itinerário dos trabalhadores, fundadores da Vale do Rio Doce. Estatal até 1994, tornou-se uma companhia que monopoliza empregos, organiza a sociedade e é força maior que as instâncias políticas locais. A classe operária se constituiu em dois momentos: estatal e privado. Período de expansão entre 60 e 70, na chamada época do muque, quando os trabalhadores acreditavam prestar um grande serviço à pátria. "Cavaram o ouro negro com marreta e muque e chegaram à era pós-moderna

9 *Ibidem*, p. 280.

movendo uma empresa quase totalmente automatizada."[10] Minayo tem como hipótese que a história atual dos trabalhadores de Itabira, que passaram por esse processo de reestruturação, reflete uma realidade mais ampla. Ou seja, "mesmo eles próprios e a cidade de Itabira, atualmente, constituindo apenas um pontinho no universo diversificado da empresa, ambos nunca deixarão de registrar, em respeito a seus antepassados e para a memória de seus descendentes, que foram construtores da maior empresa de mineração a céu aberto no mundo".[11]

Nos primórdios da mineração era fundamental um trabalho rudimentar disciplinado. Depois, com a evolução da mecânica, foi estratégico investir na manutenção. A Vale, ao tornar-se empresa privada, deu mais um passo. O próprio estado a transformou numa das empresas mais lucrativas. Quanta vanglória! Porta aberta para nosso minério continuar indo embora sem barreiras. E o domínio ficou mais forte. Greve? Ontem e hoje, quem se atreve?! Mais exportação, mais subordinação de seus trabalhadores são etapas inevitáveis para o sucesso do capitalismo. Algumas fases foram importantes para sua evolução. A primeira, fundada no uso manual de extração do minério; a segunda, mecanização do processo; a terceira, inovações tecnológicas; a quarta, hierarquização e divisão do trabalho, da radicalização da automação e da informação dos controles. Nesse sofisticado caminho, a Vale passou a ocupar um lugar do qual os trabalhadores tornaram-se dependentes em todas as suas esferas de vida.

---

10 MINAYO, Maria Cecília de Souza. *De ferro e flexíveis. Marcas do Estado empresário e da privatização na subjetividade operária*. Rio de Janeiro: Garamond, 2004, p. 13.

11 *Ibidem*, p. 14.

Minayo considera que Itabira nasceu com a mineração, em 1720, no ciclo do ouro. Depois, sobreviveu com altos fornos para fabricação de ferro. Com a abolição da escravatura, entrou em decadência por falta de mão-de-obra. Somente em 1940, com a implantação da CVRD, houve melhoras. Lembrando que, em 1910, grandes países tomaram conhecimento das reservas de minério no Brasil. Em 1911, o Governo Federal autorizou o funcionamento da Itabira Iron One Company. A CVRD nasceu por meio do acordo de Washington entre Brasil, EUA e Inglaterra, em 1942. Uma empresa para os interesses nacionais de exportação. Iniciada nas minas de Itabira, hoje, em sua homepage, Itabira nem é citada, mesmo que lá se concentre boa parte da extração do ferro e do ouro. O que confirma a inspiração poética de Drumond, o itabirano mais conhecido: "O rio? É doce. A Vale? Amarga. Ai, antes fosse. Mais leve a carga. Entre estatais e multinacionais. Quantos ais! A dívida interna. A dívida externa. A dívida eterna. Quantas toneladas exportamos. De ferro? Quantas lágrimas disfarçamos. Sem berro?"

Itabira tem hoje 98.320 mil habitantes. Apenas 8 por cento da população mora na zona rural. 80 por cento dos empregos estão ligados à indústria extrativa. Minério-dependência que causa uma "apropriação do sócio espaço por uma atividade econômica dominante, a ponto de ela se transformar no que aqui considero 'uma cidade do trabalho', pois quase tudo na esfera da reprodução social gira em torno dos projetos, dos tempos, e da cultura da CVRD".[12] A Vale é que molda o *modus vivendi* do município. Tentar sair desse modelo é como tentar sair do buraco puxando o próprio cabelo. De 1942 a 1951, inscreve-se no coração dos trabalhadores o orgulho de serem os "Leões da Vale", época do muque,

12 *Ibidem*, p. 55.

pelos enfrentamentos pesados da natureza. A extração do ferro forjou a classe operária de Itabira de 1952 a 1972, fase das grandes maquinarias. Período de expansão da mineradora. A formação do coletivo dos trabalhadores vê sua identidade forjada. Foi no ferro dos conflitos, do orgulho de pertença, na disciplina. Obediência dos trabalhadores e autoritarismo dos doutores. Até gerarem um monstro do qual ninguém mais sabe quem é dono.

ORAÇÃO DO REINO

Santo Deus
De todas as horas
Teu povo implora
Por um prato de comida

O que será da vida
Sem o arroz, o feijão
A verdura da horta
O que mais importa
Um pedaço de pão!

E a água na torneira
Que deixou de cair
Na boca, a seca pior
O tormento da sede

Dá-nos, Senhor
Solidariedade em rede
Pressa na partilha
Um agir, sem demora

E que seja agora
O momento da entrega
De cestas, de carinho

Deus do bom caminho
Livra-nos da cobiça
Que o mal em nós atiça
Fome de ter mais

Venha, sim,
Teu Reino de justiça
Bondade, amor e paz

O luto de cada um e as lutas comuns

"Quiseram enterrá-los, mas se esqueceram que eram sementes".

Atingidos e atingidas de Brumadinho

Chegando do Córrego do Feijão
Brumadinho, 25 é todo dia
São três anos e meio desse brutal crime da Vale S.A.
Missa pela memória das 272 vidas interrompidas
Pelo encontro das quatro pessoas não encontradas
Queremos justiça e não "acordos"
Essa mineração é cruel
Deus do céu!

No entardecer crepuscular, luto é também do verbo lutar. No agito das manifestações, captei essa expressão. Infelizmente, nem todos dão conta. O índice de suicídio aumentou. A depressão é recorrente, bem como tantos outros problemas de saúde. Deus nos acuda! Há muita coisa sem resposta. O que é mais visível? A ferida exposta. Brumadinho, desde 25 de janeiro de 2019. Hasta cuándo? Hasta siempre! Passados quatro anos, as estratégias de reparação continuam violando territórios, grupos e pessoas em nome do lucro. Como se tudo, bondosamente e com muito dinheiro, estivesse sendo feito para a volta de um equilíbrio socioambiental. As propagandas veiculadas nas grandes mídias do país mostram essa maquiagem. Comprada por cifras milionárias. Enquanto isso, os sofrimentos aumentam e a justiça se mostra cada vez mais lenta. Alguém foi julgado ou condenado?

Sofrimento imposto por uma tragédia desse tamanho não pode ser tratado como natural. Como os muitos que fazem parte da normalidade da vida. Há, nesse caso, um trauma provocado pelo sistema que viola a vida em nome de controles abusivos. O trauma de Brumadinho sangra, dia a dia, no coração de nossa gente, enquanto a engrenagem violenta da empresa segue, sem interrupções. No drama de um luto demorado, há raios de esperança aparecendo. Eles vêm das frentes de resistências, das famílias e de suas inúmeras reivindicações, dos coletivos diversos, das manifestações culturais e de fé, da árdua luta por justiça. O que podemos esperar desse cenário em termos de ressignificação do trauma que grita por todos os lados?

O sofrimento psíquico é uma das experiências mais marcantes no memorial do ser humano. Acompanha a vida do recém-nascido, da criança, do jovem, do adulto e do idoso. Ocorre entre amigos e rivais. Está presente nas diversidades culturais e raciais, nas dificuldades socioeconômicas, nas catástrofes ambientais, nas experiências de trabalho, nas diferenças sexuais, nos sintomas físicos e nas crises relacionadas a ideais existenciais e espirituais. O sofrimento afeta diretamente a dimensão psicológica do ser humano. Os modos de sofrimento psíquico diminuem as forças afetivas (libidinais) do sujeito, produzindo o enfraquecimento das relações interpessoais. O que compromete interações no trabalho e na vida social, em geral. Se no sofrer, há dores; nele também se prova amores. É de calar que se sofre mais. E se aumentam as bulas dos ansiolíticos, deixando o drama ainda mais crítico.

Sofrimento psíquico é também demanda de amor. De quando se perde a autonomia do bem-querer. É na má gestão dos afetos que a gente sangra demais. Somos seres de desamparo e precisamos de cuidado. No absurdo de um crime tudo fica mais caro, nos jogos sádicos e masoquistas, diante das sucessivas perdas e frustações afetivas, em diferentes campos da vida. Desgastes orgânicos, exaustão hetero ou autoagressivas geram sujeitos cansados, desiludidos, desgastados. Se todo viver é difícil e produz quadros previsíveis de sofrimento, quando essas contingências são atropeladas por situações traumáticas de catástrofes/crimes socioambientais, o sofrimento é ainda maior. No caso de Brumadinho, pesa saber que a tragédia poderia ter sido evitada. Que ela aconteceu por negligência e que medidas não foram tomadas diante de riscos bem conhecidos.

Brumadinho não é matéria para um único saber. Ainda mais porque o golpe foi humano e natural. Uma agressão de todo o tecido social e ecológico gerou também uma ferida traumática sistêmica. Agonia psíquica e física que acarreta dores incompreensíveis e insuportáveis. Vai além de um mero sofrimento psíquico existencial, inerente ao ser humano. Em nosso caso, trata-se de um choque violento capaz de desencadear perturbações somáticas, psíquicas e de fé. Trauma é quando o agente agressor supera a resistência do agredido. Quando ele é proveniente de um crime de tão grande magnitude, sua crueldade manifesta-se de forma ainda mais brutal. Não há maldade maior por parte do agressor do que deixar no outro uma ferida eterna de dor. "Façam um vídeo mostrando as coisas mais bonitas de sua comunidade", pediu um grupo de ministradores de um dos cursos da Vale, no território. "A Vale matou tudo o que havia de bonito por aqui, moça", respondeu um morador de umas das áreas mais atingidas.

O psiquismo de cada sujeito, seu mundo interior, narra a notícia de como cada pessoa registra a violência recebida. Esse registro permanece emocionalmente no psiquismo e tem um efeito traumático na vida. A dor psíquica culmina na sensação de desamparo e produz no sujeito a experiência de puro abandono. Quebram-se a confiabilidade das relações amorosas entre os seres humanos. Fragmenta-se a imagem de si e do outro. As excitações emocionais traumáticas invadem o corpo e despedaçam os mínimos diques de proteção do EU. O sujeito se sente desvestido de suas redes de sentido. E um mundo de interrogações começa a pulsar no corpo, nas relações, na vida inteira.

As experiências traumáticas desencadeiam drasticamente as sensações de finitude, como a angústia da morte e a fragilidade do corpo. O corpo, enquanto imagem de si, esmorece e produz sintomas psicossomáticos. No caso de Brumadinho, a tragédia impôs, violentamente, a dor da separação amorosa. Na real morte de parentes, moradores da comunidade, colegas de trabalho, paroquianos, avós, pais, irmãos, cunhados, cônjuges, filhos e amigos. Além de sobrecarregar a perda econômica, prestígio, status, poder e sobrevivência de familiares e vizinhos. Perdeu-se familiares, pessoas do time de futebol, do armazém da esquina, da banda musical municipal, das lideranças das igrejas, funcionários municipais, do meio artístico, cultural e artesãos. A população sentiu-se desrespeitada, machucada, angustiada e triste. A experiência da morte empobreceu o cotidiano da cidade. A vida ficou insossa e insubstancial. Declinou-se o flerte com os objetos amorosos: pessoas, ideais, sonhos e produções. A pulsão de morte, empoderada pela agressão da mineradora, produziu modos de autoagressão e de outras formas de violência.

Os impactos pós-rompimento da barragem foram inúmeros. Com várias consequências ecológicas: natural, humana e social. Quanto à ecologia natural, foram observados danos à biodiversidade da fauna e flora, onde há remanescentes da Mata Atlântica. Houve um forte comprometimento do Rio Paraopeba, alterando negativamente a qualidade da água e do solo na região. Esse rio contribui para o abastecimento de água local e para boa parte da área metropolitana de Belo Horizonte. Quanto à ecologia humana, os danos foram irreparáveis para as famílias que perderam suas "joias", como são chamadas pelos familiares as 272 pessoas mortas. Os habitantes sofrem com o luto persistente. Por sua vez, a Companhia Vale S.A. faz de tudo para soterrar essa lembrança histórica dos habitantes de Brumadinho, ao investir milhões em propagandas para dizer que tudo está sendo reparado.

Os efeitos traumáticos podem ser observados, cotidianamente, pelas alterações na rotina do cidadão brumadinhense. A alta procura do consumo de álcool/drogas no gênero masculino; e a excessiva demanda de medicamentos psicotrópicos benzodiazepínicos, como Clonazepam e Diazepam, no gênero feminino. Com os efeitos do trauma psíquico socioambiental, ampliou nos atendimentos dos ambulatórios de Saúde Mental do município os registros de alta demanda da população e sintomas relacionados ao "estado de stress pós-traumático" (CID 10: F43.1). E notificações de violência interpessoal/autoprovocada.

Por causa das obras urgentes de contenção de barragem, encostas de vias de acesso e reparação da central de abastecimento de água da cidade aumentou drasticamente o número de migrantes em Brumadinho. São oriundos de várias localidades do país. Com esse crescimento desordenado da população masculina, observou-se um aumento da prostituição na região, o que intensificou a demanda dos atendimentos relacionados às Infecções Sexualmente Transmissíveis (IST) nas unidades de saúde. Esses dados revelam que o tema da saúde não está sendo enfrentado no processo de reparação. Ainda mais quando se trata de saúde psíquica.

Uma pesquisa realizada pela Fundação Oswaldo Cruz (Fiocruz) de Minas Gerais e a Universidade Federal do Rio de Janeiro

(UFRJ) apontou níveis elevados de metais no sangue e na urina de moradores. O estudo, que contou com 3.297 participantes, avaliou as condições de vida, saúde e trabalho da população da cidade após o rompimento da barragem da Vale S.A. Entre os adultos, 33,7 por cento apresentaram níveis aumentados de arsênio total na urina e 37 por cento de manganês no sangue. Entre os adolescentes foram detectados níveis de metais acima dos limites de referência: 28,9 por cento tinham arsênio total na urina acima do limite, 52,3 por cento apresentaram mais manganês e 12,2 por cento de chumbo no sangue, acima do limite de referência.

Crianças de 0 a 6 anos também foram avaliadas por meio de exames de urina. Em todas as 172 amostras consideradas válidas para análise, foram detectadas a presença de pelo menos um dos cinco metais em avaliação (cádmio, arsênio, mercúrio, chumbo e manganês). Metade das crianças (50,6 por cento) tinha pelo menos um metal em níveis acima do valor de referência. É preciso acompanhar, clinicamente, para saber caso alguma manifestação venha a acontecer, explica o pesquisador da Fiocruz Minas e coordenador-geral da pesquisa, Sérgio Peixoto. Os participantes da pesquisa serão acompanhados até 2024. Recentemente, anunciaram a presença de uma superbactéria, produzida pelas consequências do crime.

Os pesquisadores também analisaram as condições gerais de saúde da população de Brumadinho. Os resultados chamaram a atenção para a referência a problemas respiratórios. Quando perguntados se já haviam recebido diagnósticos de doenças crônicas, 12,3 por cento dos adolescentes citaram asma ou bronquite asmática. Mas, em algumas regiões específicas, atingidas diretamente pelo rompimento da barragem, esse percentual foi maior: 23,8 por cento no Parque da Cachoeira e 17,1 por cento no Córrego do Feijão. Quase metade (49 por cento) dos entrevistados, responsáveis pelas crianças, observaram alterações na saúde dos filhos após o crime, principalmente problemas no sistema respiratório e alterações na pele. Entre os adultos, 22,5 por cento relataram diagnóstico de depressão, índice superior aos 10,2 por cento informados pela população adulta brasileira durante a Pesquisa Nacional de Saúde (PNS) de 2019. Cerca de um terço (33,4 por cento) dos entrevistados reportou diagnóstico de ansiedade ou problemas do sono. Entre os adolescentes, 10,4 por cento relataram diagnóstico de depressão e 20,1 por cento, de ansiedade.

Quanto à ecologia social, observa-se a elevação do processo de migração da população no município em torno de 17 por cento. Mais de seis mil trabalhadores de diversas partes do Brasil vieram em busca de renda na reconstrução da cidade. Além da construção de diques de contenção do entorno da Barragem Córrego Feijão, foi necessária a edificação de nova locação da empresa COPASA, no Rio Paraopeba, realizada por empresas terceirizadas, contratadas pela Vale. Há relatos diários de moradores queixando-se de movimento intenso de veículos, principalmente de ônibus e caminhões, o que aumenta a quantidade de lixo, sujeira e poeira na cidade, além da dificuldade de locomoção nas ruas e avenidas do centro.

A tragédia potencializou e intensificou no município problemas que já faziam parte da rotina da comunidade, como a violência e questões psicossociais, culturais, biológicas e ambientais. Esse sofrimento coletivo trouxe mudanças importantes para a população local. É preciso que a integração entre as redes de assistência social e outros setores estejam bem alinhadas. Do contrário, não haverá diminuição dos impactos causados pela tragédia. O sofrimento de pessoas e dos coletivos sociais de Brumadinho podem gerar dois tipos de reações. O primeiro, a consciência de desamparo; o segundo, o estado de profundo abandono. Sem uma visão integral dessas consequências, a tendência é apostar numa reparação apenas financeira. Desmerecendo as subjetividades carentes de outros referenciais para darem destino ao seu luto.

No contexto do desamparo, a emancipação acontece, sobretudo, pela capacidade de manejar, minimamente, a angústia frente ao luto. O desamparo, enquanto angústia de mudança, cria desejos de vínculos de afetos entre familiares, vizinhos e organizações religiosas e sociais da cidade. O reconhecimento do desamparo pode produzir entre os desamparados desejos de mudanças. Por isso, são muito importantes as várias lutas pela justiça. Como sempre repetimos, "nosso luto é do verbo lutar". Ao contrário, o abandono, enquanto produtor de isolamento, provoca a fragmentação, a culpa e as formas regressivas de ira entre os irmãos, como a automutilação, suicídio e violência. O que a mineradora diz que é reparo, só potencializa o abandono. Porque não reconhece as demandas almejadas pelo sujeito desamparado. Ao dar dinheiro, tampona carências sem criar projetos de vida.

A angústia enquanto abandono, produzida pela Companhia Vale sobre os habitantes de Brumadinho e Região, gera algo de desabamento das qualidades pessoais e do coletivo cidade. Isso vem paralisando ações dos moradores e permitindo sua extrema vulnerabilidade. Cotidianamente, produz-se dependência dos moradores mediante bônus econômicos, acumulando ilusões de satisfações que jamais serão alcançadas. Além disso, os moradores convivem com a desesperança, o medo de novos desabamentos de barragens e constantes perigos para sua saúde. A reparação integral está longe de ser apenas monetária. Ela clama por novas vinculações afetivas. Os ritos, as manifestações, os ciclos de debates, a palavra dos atingidos são elementos fundamentais no processo. No entanto, são os mais atacados, contestados e perseguidos.

O dilema é recuperar a capacidade de amar. Há duas reações básicas frente o trauma da perda de uma pessoa amada, de objetos preciosos, ideal de trabalho, religioso, artístico e político. O luto virar luta, ou a angústia se transformar numa espécie de melancolia mortífera. A clínica do trauma deve oferecer um ambiente propício de laços entre os desamparados. Fazer desse desamparo força de agressividade exterior na busca por justiça e não por postura autoagressiva. A indignação deve transformar-se numa pulsão vital de fé e política que contenha espaço criativo potencializador – para potencializar a dor. Mas a mineradora age sistematicamente contra essas alternativas. Suas estratégias inibem as reações de vida. O que corrobora a inércia e continuidade da morte.

Manter um tecido social melancólico é o mesmo que intensificar o desânimo. Suspender os interesses das pessoas, objetos e ideais. Inibir a capacidade de amar a si e ao outro. Tolher a capacidade produtiva, rebaixando o sentimento de autoestima. A melancolia produz perseverantemente a autorrecriminação e o autoinsulto, como o escárnio, a ignomínia e a grande desonra. Do opróbio até o suicídio. É uma condição invasiva que inibe a capacidade de reação do sujeito. É a força brutal da pulsão de morte sem perspectivas de vida. Nesse sentido, as estratégias ostensivas de reparação da Vale, com acordos feitos inclusive com o Estado, mantêm essa posição melancólica. Exatamente porque as demandas mais profundas dos atingidos não são contempladas.

Lutamos por outra forma de conduzir o luto. Diante das brumas que surgem todos os dias na aurora da cidade de Brumadinho, no meio de raios de sol, há que iluminar processos de dor, de perdas e de separação. O mundo se torna potencialmente possível, ao renascer a vida, é no consolo que aponta saídas. Para o sujeito e seus coletivos, quando há investimento do tempo com gradativo encontro entre o devir-outro e a elaboração da alteridade. Manter uma memória ativa do crime nas rodas de conversas dos coletivos de atingidos, nas construções de projetos comuns, tem sido fundamental para uma não captura deles mesmos pela sedução perversa da empresa. Para isso, os ritos/missas/celebrações, os saraus e romarias são movimentos vitais que confrontam as estratégias de esquecimento impostas por quem domina. É preciso lembrar sempre a maneira como eles foram mortos para que outros não passem pelo mesmo horror. As celebrações mensais em todos os dias 25 cumprem um papel extremamente importante do que acabo de afirmar.

A maior possibilidade de elaboração talvez esteja nessa frase de nosso texto "do luto de cada um à luta comum". E aqui entra a perspectiva da Ecologia Integral, que tanto defendemos em inúmeros projetos. Não é possível continuar sobrevivendo em um contexto como é o de Brumadinho sem que se coloque em xeque o alto poder destrutivo causado pela minério-dependência. É impossível pensar em reparação integral com a continuidade das mineradoras no território. E o basta a esse estilo de lucro que mata não acontecerá sem o envolvimento das forças políticas e religiosas. Sobretudo dos movimentos sociais e dos coletivos que têm nascido a partir do crime.

Formações em Laudato Sì; as romarias que acontecem, anualmente, em janeiro; as incontáveis reuniões com diversos grupos pastorais/sociais/ambientais; o suporte às necessidades materiais e espirituais, são apenas alguns dos exemplos da ousada presença de nossa Região Episcopal Nossa Senhora do Rosário (RENSER), em Brumadinho e região. Nos coletivos dos atingidos, de política e de fé, sonhamos o futuro. Juntos por Brumadinho é uma campanha que ampara dezenas de projetos nas comunidades atingidas, assim como a distribuição de cestas básicas por meio da Solidariedade em Rede, da Arquidiocese de Belo Horizonte. Criamos um observatório penal e nele exigimos celeridade nos processos judiciais que, passados quatro anos, ainda se encontram dramaticamente fragilizados. São muitos os sinais de vida, nas cidades, quilombos e aldeias, que impedem que a mineração siga, como dizem os atingidos, "matando-nos a conta-gotas". E o que mais esperançamos? "São novos céus e nova terra, onde habita a justiça" (2Pe. 3, 13).

XOTE DO DESEJO

Eu quero sol
Luz que ilumina
Uma canção que ensina
O bem no coração
Uma estrada
Aberta no horizonte
Em vez de muro ponte
Pra se dar as mãos

A companheira
Sinhá poesia
Quero todo dia
Bem perto de mim
No meu quintal
Uma boa prosa
O cheiro de rosa
Bem no meu jardim

O doce mel
Que vem das abelhas
Quero ser centelha
De fé e esperança
Dançar no tempo
Sem muito segredo
Jogar o brinquedo
De uma criança

Sonhos na alma
De amor sincero
Tudo que espero

Na vida inteirinha
Um mundo novo
De justiça e paz
Pra deixar pra trás
A tristeza minha

Na casa aberta
Lume das estrelas
Se não posso vê-las
Serei um luzeiro
Sorriso aberto
Preconceito não
E na festa do pão
Ser hospitaleiro

Horizonte Imaginário. Ilustração de José Veloso

PARTE II
AS CHAGAS DO VIVENTE

"Põe teu dedo aqui e vê minhas mãos!"
(Jo 20, 27)

Saudade é a semente
Que Deus plantou na gente
Pra não sumir na despedida, o que nos é caro na vida
Amor é morada eterna, assim Jesus prometeu
Das coisas boas que o bem floresceu
Viver é também escolher, pelo que vale a pena morrer
Esse é nosso recado para um Dia de Finados

No recolher da noite não se tem somente cansaço do nó do laço. Também há senhas de esperança, pois o ser humano é herança de tudo que nele balança. Permita-me algum tipo de refrigério do que vem como alternativa contra esse império. Alguma fresta na janela. Os últimos raios antes do desmaio. Costuras positivas e criativas. Nenhuma fase pode ser superada totalmente sem levar em frente os vestígios do que se deu até então. Minha convocação é que miremos chagas de redenção. Dons do céu, respondidos na Terra. Se há feridas provocadas por crimes, há resistências de perdão na luta dos que buscam a paz, tecendo a justiça. Se deixamos para trás os mártires da história, a noite não será de solidão fria. Sobreviverá nela o que resiste em vigília. Dos que testemunharam a grande tribulação e sonharam com um dia novo de luz para todos.

Em 1945, uma barreira parecia ter se instaurado para conter os grandes horrores da violência. A criação das Nações Unidas lançou no mundo uma clareira de paz duradoura, diante dos absurdos que aconteceram nas guerras e em seus campos de concentração. Sem dúvida, foi uma vitória da resistência, da luta dos familiares e nações pelas pessoas desaparecidas, para quem nem mesmo teve o corpo para os rituais finais. Indago também se a mineração não tem sido, ao longo da história, responsável por uma guerra de consequências nem mesmo relatadas. Para entender um pouco desses processos moucos, busquei numa base teológica ares de inspiração. Eles não desapareceram, pois vivem em outro mundo. É o direito dos mortos na lida dos vivos. São ancestrais e gritam na memória. Vindo do mais fundo do que não morre, sua páscoa nos socorre. A d'Ele, broto único. Ele, a luz que iluminará a noite crepuscular. Nosso esperançar, o príncipe da paz. Jesus, humano; de luz divinal, imortal.

Não haverá páscoa se nas chagas do corpo de Cristo não encontrarmos as vítimas dessa violência sistêmica. E não basta construir memoriais fixos. A lembrança deve ser feita é na luta de cada dia. Museu pode ser uma forma de esquecer. Ainda que seja organizada. Um tipo de descarrego de consciência. O direito das vítimas exige é mudança sistêmica. Rememoração boa é a que transforma rotas. Nos últimos quatro anos, acompanhando familiares dos mortos pela tragédia em Brumadinho, constatei muitas coisas. Quanta gente se perdeu no abandono! No entanto, muitos estão conseguindo enfrentar o desamparo nos coletivos de esperança. São brotos fortes. Ilhas de alegria, num oceano de tristeza. O mais triste é ver como os ansiolíticos dopam. E tiram a força pequena de reação. A Vale se aproveita dessa inércia. Sabe que não terá muitas resistências contra seus megaempreendimentos. Desejo que nossa noite seja diferente e traga bons sonhos. Miremos as chagas abertas do Cristo. Vamos ao sepulcro, lá o estigma do amor maior sacrificado nos convoca para uma memória pascal.

Há alguns anos conheci o dominicano Carlos Mendoza-Alvares. Sua obra, *A ressurreição como antecipação messiânica. Luto, memória e esperança a partir dos sobreviventes* ajudou a aprofundar o trauma de Brumadinho. Suas lições são densas. A partir da teologia, em diálogo com outras ciências. Mostra como, no Chile, em relação às vítimas da ditadura, não é possível pensar em justiça sem que se mostre a verdade. E em outros tantos lugares dessa América Latina. Um aspecto fundamental para um tratamento terapêutico é a reconstrução das subjetividades fragmentadas através de narrações. "Um relato pode ser com frequência reprimido pelo inconsciente, ou inclusive manipulado pelo contexto social que é imposto pelo carrasco, como é o caso da anistia política. O poder da palavra está vinculado à *memória* como aquela dimensão da inteligência que traz para o presente o que foi vivido, para libertar a pessoa pela lembrança que constrói uma narrativa de sentido em meio ao horror."[1]

Contar histórias é um ato político, disse Paul Ricoeur. "Ou contamos histórias, ou contamos cadáveres". Não foi à toa que, em um dos primeiros confrontos, numa série de críticas e perseguições que sofri ao longo desses anos, começou-se a falar assim: "O povo já não aguenta falar mais nisso"; "Estão pedindo para o senhor não tocar mais no assunto durante as missas"; "Ninguém suporta continuar falando de crime". Senti a presença clara da ordem de quem matou,

---

1 MENDOZA-ÁLVARES, Carlos. *A ressurreição como antecipação messiânica. Luto, memória e esperança a partir dos sobreviventes*. Petrópolis: Vozes, 2020, p. 159.

e de quem é conivente ou indiferente, porque sabem que a memória é perigosa, a das 272 joias. Ainda que a resistência seja pouca, a missa todo dia 25 de cada mês e o ato dos familiares no letreiro da cidade são senhas do que não pode faltar na travessia. A cultura neoliberal não faz memória de suas vítimas. Mesmo assim elas não morrem de todo. São sementes. No dizer de Mendoza "de fato, esses ritos funerários estão marcados com o simbolismo do retorno dos defuntos à Mãe-Terra, constituindo um novo vínculo com a comunidade, agora como ancestrais. Desse modo, a comunidade celebra, com símbolos e celebrações funerárias, o seu ingresso ao ciclo da vida que não acaba. Uma rememoração ritual que é promessa de vida, aqui e agora, sob nossa responsabilidade como sobreviventes".[2]

Quantos ritos! Eles são essenciais. Que aconteçam mais! Porque os mortos têm direitos ancestrais sobre os vivos. Se os perdemos, o luto não se transforma em causa. Há maior chance de depressão, suicídio e vazio. O rito opera é na abertura do incurável. No esperançar para além da dureza real. Diante dos crimes que lesam a humanidade, é profundamente ético nos perguntarmos pelos atos de violência que se dão na negação do outro/corpo ferido. No descaso dos gestos simbólicos, o imaginário é apenas consumidor de energias. As vítimas não são números. São histórias singulares. Jamais haverá uma outra digital tão igual. Não aceitam ser conhecidos como dizimados apenas. Sobre elas a carga mortal veio do sistema. Do poder político, econômico e religioso corruptores. Por isso que sua memória é perigosa e desinstala. O que nos cabe fazer, para um sentido crítico, contra esse mal? É justo que tiremos qualquer responsabilidade divina. E a enxerguemos em nós. É o pecado estrutural. A pergunta melhor nessas horas não é onde está Deus, mas onde estamos nós.

---

2 *Ibidem*, p. 169.

"Uma teologia do mal, em perspectiva crítica moderna, redireciona então a pergunta para mobilizar o pensamento e a ação humana para a superação das contradições que tornam possível que haja vítimas de uma violência que é resultado da liberdade humana. Portanto, a solução do mal será também nossa responsabilidade."[3] Não passar pela noite sem essa consciência de que somos responsáveis por tanta violência é nossa meta. Crepúsculo é o convite a esse grande "ato penitencial". Não no sentido de resignação, mas na firme postura de uma atitude política. Diante dos assassinatos pela ditadura, dos mortos pela mineração, das atrocidades da guerra, existe a perigosa afirmação de que poderia ser diferente. E isso aumenta nossa implicação nos processos de reparação. É bela a constatação de Zizek, o filósofo esloveno. "O discurso do perdão, como em outros tempos foi o da anistia e da reconciliação, imobiliza as *resistências* dos sobreviventes. Daí que uma política do luto em perspectiva de redenção da história não pode esquecer a *negatividade* – e o seu caráter disruptivo – da qual o político deve sempre se pronunciar, sob o risco de ficar aprisionado pelo status quo."[4] A pedra do túmulo não teria sido deslocada se a memória da cruz não fosse um posicionamento político. Ele inaugurou outro reino, o de Deus, contra toda idolatria.

VERSOS PASCAIS

Num pedacinho de papel
Rabiscando um frágil verso
De pouca beleza, confesso
Em noite sem estrela no céu

---

3 *Ibidem*, p. 188.

4 *Ibidem*, p. 190.

O corpo insistia no sono
Presa cadente de si mesmo
Girando, confuso a esmo
Mouco em seus enganos

Parecia não ser a hora
A poesia se escondeu
Tentei achá-la, não deu
E se a gente força, piora

Logo, comecei a enroscar
No laço que faz a rima
Poeta sem matéria-prima
Uma pobre alma a vagar

Mas de repente não sei
Acenou-me um leve alento
Sopro Santo feito vento
A pena da graça peguei

E a carne em verbo virou
Bem assim, desse jeito
Sonhos no fundo do peito
Um dom sagrado que sou

Se o trigo morre no pão
A uva se dá no vinho
E o Cristo se fez caminho
Na Páscoa da doação

Da vida, o maior segredo
É a arte de sempre amar
No embate de se doar
Entre coragem e medo

Fio que ao bem pode ir
No labirinto da estrada
Entrega de si a quem nada
Puder também retribuir

Artista que não souber
Que a obra é mais que sua
Se perderá na pedra nua
Sem ao cinzel se render

Barbárie ou cultura: lições para o século XXI

Recebi uma propaganda de certa loja católica
Camisa, boné com a inscrição
"Pro Vida, Pro Deus e Pro Arma"
Que coisa horrorosa
Em nome do Evangelho, temos que combater esse discurso
Ele cobra com juros seu velho vintém
Deus nos livre desse tipo de gente que se diz ser do bem.

Harari afirma que a longa história do *homo sapiens* conheceu, em sua fase mais recente, três concepções de verdade única: o fascismo, o comunismo e o liberalismo, e que, atualmente, chegamos ao estado zero em se tratando de uma única narrativa de controle. Porque o sistema vigente, neoliberal, encontra-se em descontrole. Ainda que tenhamos vestígios dessas supostas grandes verdades, o estilo de sociedade global entrará cada vez mais em conflito contra os poderes opressores. E destaca: "As revoluções na biotecnologia e na tecnologia da informação nos darão controle sobre o mundo interior, e nos permitirão arquitetar e fabricar vida. Vamos aprender a projetar cérebros, a estender a duração da vida e a eliminar pensamentos segundo nosso critério".[1] Mas não seremos capazes de prever quais as consequências

1 HARARI, Yuval Noah. *21 lições para o século 21*. São Paulo: Companhia das Letras, 2018, p. 26.

disso, como as várias etapas de extrativismo não previu o colapso ecológico pelo qual atravessamos.

O grande drama da maioria das pessoas, hoje, é que elas são irrelevantes para o sistema. Talvez no século XXI, ao que tudo indica, os protestos populares não serão contra elites econômicas exploradoras. Mas contra elites econômicas que nem necessitam dos que protestam. É tremendamente mais difícil lutar contra a irrelevância do que contra a exploração. Com a crise do liberalismo no seu descontrole atual, há muito de desencanto nas promessas de uma revolução global, da civilização da liberdade planetária. O que faz surgir um saudosismo com desejo de retração para as defesas nacionalistas, como explicitou o claro exemplo de Trump, nos EUA. Sonhos nostálgicos, misturados com caricaturas religiosas. As elites globais ficam perplexas diante das reivindicações, esperando o retorno das massas aos ideais liberais, alegando que nunca houve tanta libergdade. No entanto, o liberalismo não consegue resolver os mais graves problemas que ele mesmo produziu. O que fazer com o colapso ecológico e com a disrupção tecnológica? São dramas tão presentes, para respostas tão ausentes. A saudade de um mundo organizado só pode servir à minoria que domina. Porque a maioria segue outra sina. A agonia de não ter teto, terra e trabalho.

Na encruzilhada civilizatória o liberalismo terá criatividade suficiente para incluir os milhões de humanos descartados e proteger o planeta? Ou as religiões e os nacionalismos retornarão com posturas mais fechadas, capazes de dar sentido aos seus grupos? Ou chegamos ao momento de construção de uma inusitada narrativa, ainda não vista entre os humanos? Estamos longe de conseguir responder a essas questões. Para garantir o percurso, talvez não sejam interessantes posturas apocalípticas. São muito autoritárias. Melhor manter a posição de perplexidade, que nos faz caminhar, buscar. Assim, entramos em nossa noite. Perplexos!

Recolho, aqui, algumas lições que Harari nos propõe. Creio que sejam centrais.

O desafio tecnológico e o trabalho! Grande número dos empregos serão substituídos pelas máquinas. Essa acelerada evolução impõe ao ser humano uma exigência enorme por aperfeiçoamento. No que toca aos empregos, uma massa grande de pessoas será irrelevante para o sistema. O foco seria a promoção das necessidades básicas das pessoas e de sua autoestima. Sugestão? O auxílio básico universal. Para suprir as necessidades mínimas e as ocupações que dão sentido à vida. Perder o trabalho para os algoritmos, seria uma bênção. Caso isso também não implicasse na perda da liberdade, na insignificância de tanta gente para a engrenagem do capital.

Há uma *big data* vigiando cada um de nós. "Assim como a autoridade divina foi legitimada por mitologias religiosas, e a autoridade humana foi justificada pela narrativa liberal, a futura revolução tecnológica poderia estabelecer a autoridade dos algoritmos de Big Data, ao mesmo tempo que solapa a simples ideia da liberdade individual."[2] A televisão nos vê enquanto estamos vendo-a. Tudo isso interfere no poder de decisão do ser humano. Terão os algoritmos também capacidade de escolhas éticas? Em momentos de crise, um conjunto de algoritmos pode fazer escolhas éticas mais acertadas do que os humanos, contando que alguém codifique a ética em números precisos. "O verdadeiro problema com robôs não está em sua inteligência artificial, mas na estupidez e crueldade naturais de seus senhores humanos."[3]

O problema ético central continuará nos humanos, porque serão eles os programadores dos robôs. Imaginemos um programa de concentração de dados nas mãos de um ditador. Seu poder de

---

2 *Ibidem*, p. 72.

3 *Ibidem*, p. 90.

controle aumentaria assustadoramente. Governos autoritários, com o controle da big data, podem obter controle absoluto de seus cidadãos. Para operar bem uma máquina de inteligência artificial, teríamos que ter consciência humana ainda mais bem preparada. O problema é que estamos investindo numa e desprezando a outra. Se os donos dos "dados" são os donos do futuro, quais seriam as possibilidades de emancipação? Sonhamos com uma sociedade global solidária. No entanto, um grupo pequeno monopoliza os frutos da globalização. Enquanto isso, bilhões de pessoas são descartadas. A palavra igualdade será um sonho ou se constituirá num pesadelo ainda mais assustador? Estamos divididos em duas classes, os super-humanos e uma massa de gente inútil. A globalização está empurrando o ser humano para uma espécie de divisão dramática. Estaríamos diante de um holocausto global?

Passemos a um dado mais político. Os problemas globais exigem soluções também globais. Não podemos retroceder às fronteiras fechadas dos nacionalismos, das culturas e das religiões. A palavra comunidade será a chave para o nosso futuro. O ser humano tem corpo, e essa certeza é um passo fundamental para qualquer transformação cultural. Pensar uma nova civilização sem considerar a interconexão pós-moderna não nos fará avançar. Os humanos sempre se dividiram em grupos, mas diferentes dos animais, esses grupos podem se encontrar e até se fundirem. No século XXI, apesar das pequenas diferenças nacionais, temos um sistema capitalista único. "Sejam quais forem as mudanças que nos esperam no futuro, elas provavelmente envolverão uma luta fraternal dentro de uma única civilização e não um embate entre civilizações estranhas."[4] Os conflitos serão cada vez mais globais e por isso exigirão soluções globais. Em um mundo sempre mais interconectado.

---

4 *Ibidem*, p. 142.

Atravessamos a grande tensão entre nacionalismos e globalização. Não há dúvida de que o sentido de pertença a um grupo, a um país, faz parte do ser humano. O perigo ocorre quando essa pertença gera fechamento autoritário. E o desejo de destruição do outro. O atual acirramento nacionalista se trata de uma proposta sustentável para responder aos desafios globais ou nos conduzirá a um processo maior de escuridão? Acostumamo-nos, desde 1945, a um estágio de paz, sem mudanças de fronteiras significantes. No entanto, Rússia e Estados Unidos seguiram com sua corrida nuclear. Juntamente com os riscos nucleares, o desafio ecológico é outro ponto fulcral para o desenho do futuro da humanidade. "Estamos extraindo cada vez mais recursos do meio ambiente, e despejando nele quantidades enormes de lixo e veneno, mudando a composição do solo, da água e da atmosfera."[5] A mudança climática, fruto de atividades humanas, tem efeitos assustadores. Emissão de gases de efeito estufa, como o dióxido de carbono e a produção de carne, um dos maiores consumidores de água do planeta, tem consequências drásticas.

A disrupção tecnológica é outro dos maiores desafios da séc. XXI. Juntamente com a guerra nuclear e a mudança climática. Se o ser humano não conseguir construir diretrizes éticas globais para a tecnologia, entraremos num risco inimaginável para nossa espécie. Guerra nuclear, disrupção tecnológica e colapso ecológico são os três maiores problemas de nossa encruzilhada civilizatória, mesmo cientes de que o nacionalismo nunca será totalmente superado, porque a condição humana é sempre encarnada em uma cultura, linguagem, crença. Exatamente por isso, a luta de todos por desafios de todos ajudará na defesa das questões locais. "Se queremos sobreviver e florescer, o gênero humano não tem outra

---

5 *Ibidem*, p. 151.

opção a não ser complementar essas lealdades locais com obrigações reais para com a comunidade global. Uma pessoa pode e deve ser simultaneamente leal a sua família, sua vizinhança, sua profissão e sua nação – por que não acrescentar à lista a humanidade e o planeta?"[6] Em termos de cristianismo, ainda temos condições de contribuir para uma cultura global, no que tange à solução dos problemas insolúveis do ponto de vista local?

A religião pode ajudar nas questões identitárias. Precisam ser revistas para que não caiam no preconceito e na eliminação do diferente. As religiões maiores parecem ser parte do problema global e não de suas soluções. Enquanto entramos numa era global, as religiões se tornam um obstáculo quando reforçam suas feições narcísicas. Em muitos casos, dividem a civilização em campos hostis. Os recentes cenários brasileiros mostram isso. Deus, pátria e família, símbolos de um grupo extremista que se julga detentor da verdade. Mistura de bíblico com bélico. Seus agentes são racistas. Contrários aos LGBTQIA+, caçadores da esquerda, contra o comunismo. É uma mistura perfeita de tudo o que foi dito acima, na sua pior feição. Com algoritmos, esse grupo é uma fábrica de fake News. Na política, querem a volta da ditadura. Ferem, em plena luz do dia, os princípios da democracia. São contra a teologia da libertação. Ou seja, se controlarem a tecnologia, as armas nucleares e a religião, iriam exterminar muita coisa. A relação entre religião e cultura será um dos pontos cruciais para nosso programa de futuro. Celebrar a diversidade e não impor barreiras, quebrar muros e construir pontes, em nome do Deus da vida, de todos e da casa comum.

O terrorismo é um espetáculo de horror que, além do dano real, provoca uma onda de medo imaginário. A reação a ele, em muitos

---

6 *Ibidem*, p. 162.

casos, é mais danosa do que a própria ação terrorista. Convocar as melhores forças que moram em nós mesmos, pois uma pequena moeda num grande jarro vazio faz muito barulho. A arma contra o terrorismo é não deixar que ele capture nossa própria imaginação. É com ela que podemos bloquear sua eficácia, primeiro não deixando que se torne uma histeria coletiva. Segundo, não propondo reações piores que os ataques. Terceiro, não deixando as forças do bem serem capturadas. Por exemplo, o dinheiro investido no combate ao terrorismo não foi investido em combater a Aids, o aquecimento global, as estratégias de evitar grandes guerras. Os critérios para as escolhas dos alvos a serem combatidos nem sempre são lúcidos diante dos males causados.

O que as nações, religiões, culturas deveriam fazer para serem mais modestas em relação ao seu verdadeiro lugar nesse universo tão plural? O poliedro que se tornou os tempos atuais não nos permite respostas banais. Humildade diante da vida, de nós e da natureza. Basta de termos ideais, sobretudo pregados por grandes religiões. E não colocarmos isso em decisões no concreto da existência. Imaginemos se todos os credos levassem esse valor mais a sério. E não apoiassem nenhum império. O nome de Deus não seria tomado em vão com tanta frequência. A secularização tem sua grande lição, nesse cenário de rivalidades. A ética secular deve aventurar-se na coragem de aceitar seus limites e buscar a verdade, não se apegando a paradigmas absolutos e nem se inibindo ao deparar-se com a ignorância. "Perguntas às quais você não é capaz de responder são geralmente muito melhores para você do que respostas que você não é capaz de questionar."[7]

Há urgência de um novo pacto pela educação que seja dialogal, pautado no encontro com o outro e no cuidado com a

---

7 *Ibidem*, p. 259.

casa comum. Infelizmente, os métodos doutrinários muitas vezes priorizam o convencimento e a competição. O que se tem que ter cuidado é contra os dogmas autoritários. O capitalismo se funda numa pretensão de liberdade, de busca do desenvolvimento, no entanto, torna-se cada vez mais colonizador, porque seus resultados se concentram nas mãos de poucos. Desse modo, os direitos humanos e a democracia também necessitam de evolução. "Toda religião, ideologia e credo tem sua sombra e, não importa qual o credo que você segue, deveria tomar consciência de sua sombra e evitar a ingênua certeza de que isso não pode acontecer conosco."[8]

Recordo-me com gratidão de um encontro com o Papa Francisco. Indagado sobre o que aconselharia a um bispo nessa época de incertezas, sua resposta foi mais ou menos assim: "Aceite a incerteza também como lugar da experiência da graça de Deus". Nos inícios de minha formação redentorista, foi tema central para mim um versículo da música popular brasileira, do Clube da Esquina: "Eu, caçador de mim". O que cada um de nós tem para essa "noite escura" deve começar com o desejo de procura. Deixar descansar as certezas absolutas e lançar-se pelas lacunas do não dito. Ter mais humildade, porque somos aprendizes de um tempo muito incerto. E para atravessá-lo, em vez de estar fechado, é melhor ter o coração aberto.

Voltar ao que nos faz especiais nesse universo: a capacidade de pensar juntos a solução de nossos problemas. De tanta certeza, a Vale matou nossas 272 joias em Brumadinho. Se fosse mais humilde, teria reconhecido os laudos dos riscos de rompimento e não nos enganaria. Na hora da travessia, é preciso aprender a gastar tempo nas periferias. E fazer romaria. Nosso senso de

---

8 *Ibidem*, p. 266.

moral e ética carecem de atualização. Seus parâmetros não suportam as demandas de um mundo globalizado. E, em muitas situações, somos maus, mesmo sem querer, ou saber. Sinto, todos os dias, que minha opção como defensor dos direitos humanos e da natureza não consegue dar conta de se conectar com todos os dramas. Por isso, escolhi os atingidos por mineração. Mas quantos são os outros? Diante dos agudos sofrimentos, corremos riscos, como minimizar, apelar para teorias da conspiração, ficar indiferentes ou dogmatizar.

É comum a gente falar em fake news como se fosse uma questão apenas atual. Harari é inquietante quando diz: "estou ciente de que muita gente poderá se aborrecer por eu equiparar religião com fake news, mas esse é exatamente o ponto. Quando mil pessoas acreditam durante um mês numa história inventada – isso é fake news. Quando 1 bilhão de pessoas acreditam durante milhares de anos – isso é uma religião, e somos advertidos a não chamar de fake news para não ferir os sentimentos dos fiéis (ou incorrer em sua ira)".[9] A partir daí, facilmente, uma verdade pode ser usada para justificar a atitude de domínio. Se alguém quer sustentar o poder, terá que disseminar mentiras. Ao contrário, se quiser buscar verdades, terá que renunciar ao poder. Não é à toa que Jesus afirmou que ser o maior entre seus discípulos é ser aquele que serve.

Voltar às perguntas básicas da vida, quem sou eu e o que é o mundo, é a tarefa que essa noite pode nos ajudar a cumprir. A última coisa que o sistema de educação precisa hoje é se preocupar em passar informação. E a primeira? Ajudar as pessoas a descobrirem o que é mais importante na vida, o sentido mais sagrado das coisas. A tecnologia será uma ferramenta muito importante para cada

9 *Ibidem*, p. 290.

pessoa e para nossa coletividade caso saibamos o que queremos da vida. Do contrário, ela poderá assumir o controle. O conhecimento de si mesmo sempre foi uma regra de ouro, desde Sócrates. No entanto, nunca foi tão importante como em nossos dias. Se nunca foi fácil conhecer a nós mesmos, hoje temos sérios concorrentes. Todos os dias corremos o risco de hackearem nossos celulares, computadores. No entanto, o risco maior é o hackeamento dos humanos, o de entregar o destino de nossa vida nas mãos das máquinas. Se tem uma contribuição que as grandes religiões podem oferecer aos nossos dias são suas largas experiências em matéria como meditação e discernimento, e ensinar um caminho de novo humanismo e encanto com a universalidade da criação. Mais precisamente, recuperar a via dos sentimentos. É curioso o vasto mundo da inteligência artificial. Mas a alegria e a dor de ser a gente mesmo, isso uma máquina jamais substituirá.

CURA-ME, SENHOR

Senhor, em Tua escola
Sigo vida afora

Aprendiz dos livros
E da luta do povo
Em tudo que vivo

Na hora difícil
De amargo desgosto
Ou na doce alegria
Teu Espírito é guia

Meu bom pastor
Que o fogo aceso
Vela de Teu altar

Alimente a chama
O dom de amar

Dá-me a procura
Morada dos poetas
E nessa noite escura
Uma paz inquieta

Noite escura: uma abordagem decolonial

Depois que passar esse tempo obscuro
E a gente tiver transposto o muro
Da barbárie que ameaça a civilidade
Será mais forte nossa democracia
Nas igrejas, voltaremos ao Evangelho da alegria
Deus não será trocado por nenhum danoso mito
Seremos cristãos
Enfim, irmãs e irmãos

Fazer memória não significa apologia aos memoriais. Eles são contraproducentes no tanto que silenciam os sobreviventes. Modo de domesticação da violência que fica latente, gritando para que alguém denuncie suas causas estruturais. Em muitos casos, esses lugares acabam servindo como espaço de manipulação. Em Brumadinho, atingido e atingida é alvo de disputa. E quase nunca de escuta. Por isso, escolho-os como senha para entrarmos nessa vigília. Os mártires, as joias soterradas. É forte essa apropriação. Em 14/02/2019, o presidente da Vale afirmara que a mineradora seria uma "joia" e "não poderia ser condenada por um acidente, por maior que tenha sido a tragédia". Logo, logo os familiares das vítimas começaram a chamar as 272 vítimas fatais de "joias". Essa é a disputa central entre uma multinacional que coloca o lucro em primeiro lugar e as pessoas e comunidades que clamam pela vida.

Com essas duas bifurcações, convido você a entrar para os escombros de nossa noite cultural. De que lado você também tem estado? Da joia mineral, material bruto ou das joias humanas e de toda vida que respira nessa Terra? A escolha é importante. Não tem como não a fazer. Giorgio Agamben é um dos principais autores que colocaram no centro do debate filosófico e político – junto com René Girard – a questão da interrupção da escalada violenta que leva a humanidade ao abismo. Podemos evitar a banalidade da morte como decorrência do mimetismo da maldade. Ainda que seja um pão que dermos ao faminto, isso já é antecipar a chegada do Messias. Somos muito mais fortes quando nos implicamos em políticas públicas contra a miséria. "De fato, a contração do tempo como temporalidade violenta é possível através da experiência dos justos que *subvertem* a rivalidade mimética em existência de doação, função messiânica apontada por são Paulo na *Carta aos Efésios*: '[o Messias Jesus] derrubou o muro de ódio em seu próprio corpo' (3,4)."[1]

A memória atualiza os clamores dos sobreviventes. Antecipa outro mundo quando interrompe as cadeias violentas, atualizando sua presença na história cotidiana. Ela tem que ser dita e redita em cenários diversos. Não cabe em um único poema ou verso. Nem ninguém pode dizer pelo outro. A voz tem que ser a do atingido. Eu mesmo, quando falo, o que mais tento fazer é abrir o microfone. Porque sei que minha presença, minha voz, vai incentivar alguém calado a falar. Comunicação estratégica que burla protocolos. Forma de dar a voz aos que habitam os escombros da "negatividade" histórica, enfrentando a pretensão de controle, mesmo das democracias. Bonito pensar que o tempo messiânico é o "novo" da temporalidade. O resgate do ancestral enquanto potencial do que ficou

---

1 MENDOZA-ÁLVARES, Carlos. *Op. cit.*, p. 198.

perdido. O que abre um novo tempo é a ruptura com o muro da inimizade. Mais que inaugurar algo inusitado, o Messias abriu as comportas de um tempo estancado pela violência sistêmica. Ele proclamou a vez dos justos. Dos que subvertem a rivalidade por uma existência de doação. Uma força fraca. Ou uma fraqueza forte. Atitude decolonial, para exorcizar o mal do domínio com tudo que ele tem de fascínio.

A guia? O reconhecimento da comunidade dos sobreviventes como parte do corpo do Messias. De quem assume essa atitude pascal. Em Brumadinho, nunca me senti tão cristão como quando meu corpo significou um sinal de perdão. No resistir de tanto lembrar, encontra-se o primeiro passo para perdoar. Dar-se outra vez. E no rememorar, lutar pela justiça. Já chamei isso, muitas vezes, de antecipação escatológica. Não é obra puramente humana. Há uma graça interdependente que também age. Dela, sou apenas passagem. Alteridade do bem no meio da maldade. No final do séc. 20, a teologia insistiu na questão pós-moderna, abandonando sua aposta nos metarrelatos. Então, muito se disse sobre teologia decolonialista. Adentramos no século XXI, na procura de mais um passo. Escutar os gritos dos corpos dos pobres e da terra não significa somente denunciar, mas trazer para o debate as alternativas escatológicas que eles mesmos apresentam. Aceitar seus credos e sabenças. Em suas zonas quentes, quem precisa de conversão? Eles ou a gente? Esse talvez seja o ponto mais decolonial quando se trata de evangelização. Ou seja, a nossa conversão. Não a deles, como ainda costumamos pensar. Mais precisamente, uma conversão nossa em direção a eles. Uma Igreja, de fato, em saída.

A teoria de Girard sobre o desejo mimético continua atual. Somos herdeiros de uma civilização que, em nome da igualdade, continua exterminando o diferente. "Ficamos dominados pelo impulso canibal de apropriar-nos do corpo do outro, do seu território, dos seus bens e, por fim, até da sua própria identidade."[2] Agregamos a essa perspectiva de Girard também a agressividade do sistema neoliberal sobre o planeta. Vivemos numa sociedade global que justifica a existência dos bodes expiatórios para continuar dando alicerce aos pilares da civilização, pautada no acúmulo de poucos e na miséria de grandes massas. Assim, "os perpetrados imporão seu domínio, de maneira que a estabilidade mundial será cada vez mais precária, à custa de um crescimento exponencial das vítimas sacrificadas para manter uma enganosa ordem mundial".[3] Estabilidade profundamente desmascarada pela religião judaico-cristã. A teoria mimética é crítica ao totalitarismo, à hegemonia de uma ordem que, no final, elimina a ideia do outro até eliminar também seu corpo. O colonialismo é epistemicida. Em nome de uma narrativa, mata o melhor de nós que é a arte de contar histórias. Gostaria de que na memória noturna, nessa parte do crepúsculo, não nos deparássemos somente com esses escombros. Que tudo que ficou de nós ajudasse a conviver com novos sonhos.

Não se enfrenta as formas hegemônicas que causam holocaustos e a devastação da natureza sem a memória dos corpos que foram enterrados. É preciso trazer à tona o horror de sua morte. Condição para a paz é fazer justiça que não virá sem a verdade das causas de seu desaparecimento. Em cada cenário de devastação, é possível escavar senhas do ressuscitado somente quando as causas de suas chagas forem descritas. O amor resistente, nem que seja uma brasa fumegante em meio às cinzas, acende no que está na memória, esperando por uma palavra. Nem que seja um bilhete

---

2 *Ibidem*, p. 30.

3 *Ibidem* p. 31.

abandonado, torna-se uma grande narrativa quando não omite o "jeito que eles foram embora". Minha resistência se faz desde o sul global, no meio da complexa realidade da história das resistências. Realidades compostas por pessoas e grupos, que traduzem na corporeidade os traços da luta. "São pessoas e grupos comprometidos com os movimentos sociais de diversas resistências, aquelas que vão das autonomias territoriais e epistêmicas dos povos originários da América, até as resistências nos territórios-corpos das minorias sexuais que sobreviveram, apesar da invisibilidade perpetrada pelo patriarcado heteronormativo e falocêntrico."[4]

Quantos trabalhadores morreram na construção dos suntuosos estádios da copa do mundo do Catar? Não se divertem com aquilo que eles mesmos construíram. Essa é a perversão sistêmica. Contradição da qual nós cristãos não estamos isentos. Os pedreiros de nossas catedrais não têm tempo para rezar nelas. São pedras vivas recusadas. Mais nada. No lugar das argumentações lógicas, que tal nos dirigir às vozes cacofônicas? Sinfônicas, só na defesa da diversidade de interpretação da condição humana. De olho no que desborda, encontraremos caminhos de outridade. No lugar da cultura única, o poliedro são nossas tradições. Em vez de governos que só conhecem o vocabulário das companhias transnacionais, enxerguemos as cooperativas protetoras de mananciais.

A antropóloga mexicana Xóchitl Leyva sustenta que vivemos uma guerra epistêmica de várias dimensões. Nos processos de conquistas dos territórios, os povos originários foram dizimados. Nos corpos, nos costumes, na linguagem e nas crenças. E, hoje, como visibilizar o invisibilizado, por séculos, pelo patriarcado, pelo racismo e o colonialismo? Que experiência de empoderamento das mulheres indígenas, pobres e rebeldes, é necessária

4 *Ibidem*, p. 43.

recuperar como parte das *autonomias* que constroem os povos originários em resistência? Que formas de *comunidade* e autogoverno surgem de uma vida política experimentada como rebeldia com dignidade e como resistência política, social e cultural? Que epistemologias de cuidado da Mãe-Terra – e não da posse ou de controle da Natureza como objeto da ciência e da técnica modernas – são compatíveis nesses tempos de guerra global com essa *insurreição* dos povos originários? Quais narrativas e símbolos do sagrado potencializam essas lutas emancipadoras de mulheres, meninas e meninos, jovens, moças e moços, assim como da sociedade civil organizada, em autonomias territoriais de corpos, linguagens e ações múltiplas?[5]

Vicenta Mamani, teóloga aimará, potencializa a tradição quéchua no cuidado com a Casa Comum, com a ecoteologia da Pacha Mama. A casa grande, templo de Deus, na qual os seres humanos não devem se sentir superiores. Tudo que existe tem vida que se comunica no misterioso tecido da natureza. Sua crítica mais aguda é contra o eco-feminicídio teológico, que, em nome de divindades, destrói a terra. Roberto Tomichá, teólogo franciscano na Bolívia, aponta para o fato de que a convicção dos povos originários é que Abya Yala, o continente americano, terra madura, deve ser cuidada, não destruída. Javier Sicilia é outro que também resiste, depois do assassinato de seu filho. Em pleno cenário no qual foram mortas, em doze anos, mais de 200 mil pessoas, e outras oitenta mil estão desaparecidas, pela guerra do tráfico. Talvez seja o cristão no México contemporâneo que mais se aprofundou no processo de uma espiritualidade nascida da dor, da indignação e da raiva pela morte dos inocentes.

---

5 *Ibidem*, p. 48.

No tempo de tantos "fins", encontram-se pequenos restos que adiam a tragédia total. Esses coletivos são velas em plena noite escura. Que protelam o breu abissal. Maria Herrera perdeu os quatro filhos na guerra do crime organizado. Sobre suas buscas nas fossas clandestinas, disse, certa vez: "não buscamos cadáveres, buscamos tesouros". "A história de Maria Herrera, com o seu esposo, falecido durante esse luto, e de seu filho Juan Carlos, é a história dos sobreviventes de uma família desmembrada. Mas também lembra a história de dezenas de milhares de famílias mexicanas e centro-americanas que buscam os seus familiares desaparecidos. Seus testemunhos de dor, indignação, pranto, raiva, depressão e anseio de justiça são parte do trauma social que vivem o México e o mundo."[6] Essas espiritualidades vão além da pergunta sobre o silêncio de Deus. Elas revelam a resiliência das vítimas. Esse é seu foco de teologia decolonial. No mais precioso de seu avanço, torna-se continuidade da libertação da teologia, pelas vias de insurreição epistêmica. História contada desde baixo, da negatividade positiva.

Margarita Sánchez de León, porto-riquenha de origem, é mãe de dois filhos mestiços, fruto da confluência de sua tradição afro-caribenha com a tradição europeia de sua esposa Frida, procedente dos Países Baixos. Ativista social, denuncia o sequestro da espiritualidade pelas religiões e propõe resgatar "as espiritualidades" do cativeiro. E se dispõe a recuperá-las nos corpos-territórios diferentes, libertados do patriarcado heteronormativo. A teologia *queer,* que foi inaugurada pela obra de Marcela Althaus-Reid, expressa, com grande criatividade, as moradas decoloniais e pós-patriarcais de teólogas e teólogos do Sul. São forças de desconstrução do patriarcado falocêntrico.

---

6 *Ibidem*, p. 65.

Boaventura de Souza Santos, com a ecologia dos saberes, é um crítico da trilogia que dominou o século XX. Denuncia o tripé capitalismo-patriarcado-colonialismo. E propõe o diálogo dos saberes, com os movimentos populares. Mergulhando em modelos plurais de universidade, para além da academia tradicional, com sua produtividade livresca. Segundo Mendoza, *a antropóloga aimará,* Silvia Rivera-Cusicanqui é, em sentido pleno do termo boaventuriano, uma intelectual da retaguarda decolonial do pensamento crítico latino-americano, em sua especificidade andina. Sua abordagem se coloca contra "um dos pilares da *colonialidade internalizada que* foi a religião católica – que se impôs em toda América, sob sua forma barroca e tridentina – sustentada em hierarquias de poder, com os atributos do gênero masculino e da raça branca vinculados ao domínio hegemônico 'divinizado' (...) tradução política e social da idolatria entregue à imagem de um deus branco".[7]

Em duas obras recentes de Aquile Mbembe, há críticas à modernidade iluminista e colonial: *Crítica da razão negra*, publicada em 2013; e *Políticas da inimizade,* de 2016. Ambas publicadas em francês em suas primeiras edições, traduzidas depois ao inglês, alemão e, mais recentemente, ao espanhol. Para Mbembe, o biopoder do estado moderno está se transformando em necropoder. Esse drama cai sobretudo nos corpos dos migrantes forçados, na Etiópia, em verdadeiros campos de concentração. Apesar de sua resistência pós-colonial ser bastante conhecida, ainda não há um profundo diálogo com o pensamento decolonial latino-americano. Enquanto na América Latina se luta mais pela soberania dos povos diante do capital opressor, Mbembe mostra a resistência cultural africana.

---

7 *Ibidem*, p. 92.

Segundo Mendoza, o multiverso da diversidade sexual como projeto político e epistêmico se dá, sobretudo, com Angie Rueda, Jessica Marjane e Lukas Avendaño. Crítica aberta ao patriarcado e o advento da *muxeidade* como prática do corpo libertado. Resistências que emergem no sudeste mexicano, em contexto indígena zapoteco. Jessica Marjane, masculino biológico de nascimento, começou sua transição sexual na adolescência. Sua luta consiste em promover debates, fóruns nacionais e internacionais em defesa dos transfeministas e tansmasculinistas. Já Bruno Avendaño, uma das 80 mil pessoas que desapareceram nos últimos doze anos no México, causa de terrível dor para família Avendaño, em Juchitán, Oaxaca, é o grande motivo da resistência do coreógrafo *muxe* Lukas Avendaño.

Busquei esses nomes nas sistematizações teológicas de Mendoza. São experiências provocantes, que trago para esta parte noturna de nosso crepúsculo. Memória, justiça, reparação e esperança são palavras dos atingidos e atingidas, que conseguem resistir também aos crimes da mineração. Conheço ativistas que aumentam essa bibliografia citada anteriormente. Mais tarde, nos primeiros raios da manhã crepuscular, trarei um pouco de seus depoimentos. O Coletivo dos Atingidos, de Fé e Política, nascidos do luto e da luta nos territórios arrasados da Bacia do Paraopeba. O grupo das famílias da Avabrum, também se encontra inscrito nos anais da história. Outridade é uma palavra que não se encontra nas lavras de minério explorado. Porque as mineradoras não escutam quem está bem do lado. Muxeidade é um vocábulo agudo, no grito pela liberdade. São corpos em suas mutações, muitas vezes condenados por preconceitos violentos.

Com esses nomes e histórias contatadas, ainda que superficialmente, constato o seguinte. Há um passo em curso no processo decolonial. Claro que já estava presente nos discursos de libertação anteriores. No entanto, noto que ainda tínhamos a presença dos colonizadores convertidos dando voz aos oprimidos. O que muda, segundo minha hipótese? A inversão da posição. São eles os protagonistas. E com eles devemos aprender a mudança que já está acontecendo. A Pedagogia do Oprimido, de Paulo Freire, nunca foi tão atual. Porque ela alerta sobre o opressor que dorme em todos nós. Libertar esse opressor dos oprimidos e de quem oprime é devolver ao ser humano sua vocação de ser mais. "A desumanização, que não se verifica apenas nos que têm sua humanidade roubada, mas também, ainda que de forma diferente, nos que a roubam, é distorção do ser mais."[8]

---

8 FREIRE, Paulo. *Pedagogia do oprimido*. Rio de Janeiro: Paz e Terra, 2021, p. 40.

PAÍS DE MEUS SONHOS

Sonhei com um lindo horizonte
De flores e fontes
Um céu de luar

A vida sorrindo tão bela
Numa passarela
De luz a brilhar

A morte sem os seus assombros
Nem armas nos ombros
Tirania na terra

E Deus declamava poesia
Ao ver com alegria
A gente sem guerra

Crianças tão cheias de graça
Brincando na praça
Com os seus balões

Encontros de raças e cores
Repletos de amores
Todos os corações

Com o violão
Uma prosa boa
Eu andava à toa
No meu país

Olhando o céu
Todo estrelado
Cantava o reisado
De um povo feliz

Gritos proféticos: denúncias e anúncios de um tempo novo

Senhor Jesus
Bem que disseste que os filhos das trevas
São mais espertos que os filhos da luz
Assusta-nos a astúcia de quem fere o povo e a Mãe-Terra
Mas é triste também o silêncio dos bons, em plena guerra
Fortaleça nossa profecia, amado pastor
Não seja lento o nosso amor.

De onde me vem a convicção de que essa cultura globalizada deve ser transformada? De um projeto político, com preferências partidárias? Vem do Evangelho da vida, o que muita postura reacionária não entende. Papa Francisco, em três textos básicos nos aponta caminhos. *Evangelii Gaudium*, por uma Igreja em saída; *Laudato Sì*, por uma conversão ecológica; e *Fratelli Tutti*, por uma fraternidade universal. Considero seu magistério um grito profético por essas três conversões: eclesial, social e ecológica. Profetas, não é tão fácil encontrá-los em nossos tempos. Sofremos de uma religião atrelada ao caldo cultural global da cristandade. Em muitas situações, para manter as estruturas, somos obrigados a conservar um certo fechamento. Enquanto isso, os corpos gritam nas calçadas e a mineração que mata, reforma nossas igrejas.

Mas a profecia nunca morre, porque é dom do Espírito de Jesus. Ele a conduz pelos caminhos da história. Houve, há e haverá sempre quem a acolhe na vida simples. Profeta não é um ser extraordinário. Frágeis, muitas vezes no corpo mesmo, e polêmicos. São difíceis de serem entendidos. De tão lúcidos, desarmonizam. Não cabem em nomenclaturas oficiais. O profeta, de tão comum, transborda. Será bom, por isso, dar um passo atrás. E ver essas figuras ao longo da história. Foram perseguidos porque denunciaram os ricos. E anunciaram aos pobres sua dignidade incondicional. A profecia é uma encarnação da Palavra de Deus em um tempo e lugar determinados. Nas realidades concretas. Ao denunciar o pecado, o profeta anuncia o caminho de libertação. Por isso ele é uma figura religiosa e política, apesar de não almejar cargos políticos. Sofre incompreensões porque provoca conflitos. "Vive em permanente insegurança, porque não sabe o que vai acontecer e a experiência dos seus predecessores mostra-lhe os riscos da sua missão."[1]

Se estão nos palácios, é somente para interrogar os reis sobre o que não funciona nas leis dos fortes que exploram os mais pobres. Nunca aceitam ser mais um na corte. São itinerantes, sem morada fixa. Para facilitarem a mobilidade, conservam-se em corpos delgados. No trabalho, firmes; no descanso, parcos; na oração, místicos. Conflituosos, no que diz a relação consigo mesmos. Mas dóceis na disposição caridosa. Lavam-se de suas incoerências na doação ao outro. Suas palavras podem ser duras, porém não lhes falta a ternura no convívio com o outro. Tem rimas e músicas de poetas. Porque a arte é o que lhes extrapola, o que lhes toca de mistério. Ultimamente, os profetas geralmente estão mergulhados no vasto horizonte da defesa da criação, do meio ambiente. Porque a ecologia integral é critério atual para reconhecer a veracidade de uma profecia. Porque é impossível defender o que é humano sem

---

1 COMBLIN, José. *A profecia na Igreja*. São Paulo: Paulus, 2008, p. 13.

cuidar da casa onde ele mora. Juntamente com os ativistas, são os profetas que inspiram a luta pela ecologia. Por conta do grande pecado estrutural, que é socioambiental.

Os profetas do AT são fontes importantes. Apresentam o contexto a partir do qual compreenderemos o mistério de Cristo. Jesus foi entendido à luz dos profetas e Ele mesmo ilumina as profecias antigas. Nas primeiras comunidades, havia diversidade de ministérios e de profetas. Com a ligação do cristianismo ao Império Romano, os profetas foram esquecidos. No Antigo Testamento, estão sempre referidos à Aliança entre Deus e seu povo. "A grande novidade é que os profetas de Israel, ao falarem em nome de Deus, exigem tanto do povo como do rei a justiça para com os pobres e oprimidos."[2] "Que o direito jorre como água e a justiça seja uma torrente inestancável" (Am 5, 21-24). "O jejum que eu prefiro... não é partilhar o teu pão com o faminto?" (Cfr Is 58, 6-8). Justiça bíblica não tem o mesmo sentido que tem nas disputas jurídicas de hoje. Na perspectiva bíblica, ela parte do pressuposto da diferença injusta entre pobres e ricos. E de que os mais vulneráveis são sempre perdedores, mas também os preferidos de Deus. É do lado deles que os profetas mostram que Deus está. Por isso, a profecia é divina, porque Deus é justo. Defende os indefesos que a justiça humana não defende.

A relação do profeta é com Deus e não cumpre ordens de nenhuma origem humana. Irrompe-se com uma missão. "Ouvi, então, a voz do Senhor" (Is 6, 8-9); "a palavra do Senhor veio a mim nestes termos" (Jr 1); "eu não era profeta, nem filho de profeta; era vaqueiro, mas o Senhor me tomou de detrás do gado e o Senhor me disse: vai, profetiza a Israel meu povo" (Am 7, 14-15). É no inesperado que a profecia se irrompe, contestando a ordem

2 *Ibidem*, p. 32.

estabelecida, na denúncia do que o poder vigente esconde. Ao denunciar uma situação de consequência trágica, o profeta sofre por antecedência, pelo seu povo. No Antigo Testamento, seu maior conflito é com o rei. Sempre colocando Deus em primeiro lugar. "Ó Deus, confia os teus julgamentos ao rei, a tua justiça a este filho de rei... Que ele faça justiça aos pequenos do povo, seja a salvação dos pobres, esmague o explorador!" (Sl 72, 1-4). Insiste no papel do rei como defensor dos pobres contra a truculência dos ricos. Ao denunciar, o profeta lança sinais de esperança. Inclusive de um rei justo e bom. "Eis que teu rei vem a ti, justo e protegido; ele é pobre, montado num jumento, num jumentinho, filho de jumenta... ele anunciará a paz às nações e o seu domínio irá de mar a mar" (Zc 9, 9-10).

Confronta-se com o sacerdote pelo que há de culto desconectado do compromisso com o próximo. "Eu quero amor e não sacrifícios. O conhecimento de Deus, eu o prefiro aos holocaustos" (Os 6, 6). Também interroga o Povo de Deus pelos desvios. Porque deixam-se guiar por falsos guias. O que o distingue dos falsos profetas? Sua profecia não é uma profissão, ele não é amigo do rei e nem do sacerdote. Critica ambos quando não defendem os pobres. Os falsos profetas estão sempre cercados de cortes. Escondem os vícios e os crimes. Para manter tudo na tranquilidade e não incomodar. Quantas vezes já ouvi, diante de aberrações litúrgicas: "mas é isso que atrai o povo". Há muita coisa que se passa por evangelização, prestando verdadeiros desserviços ao Evangelho. Perigo constante em nosso agir pastoral, líderes religiosos que procuram sucesso e que vendem milagres fáceis às pessoas em suas horas difíceis.

E Jesus, que tipo de profeta foi? Viveu encarnado numa história e não podia ser totalmente homem se não assumisse sua condição cultural. Bebeu da tradição profética. Ele mesmo tinha consciência de ser um profeta. Em sua relação com João, aconteceu uma referência profética. O povo dizia "é o profeta Jesus de Nazaré da Galileia" (Mt 21, 11). Ele mesmo disse de si: "um profeta só é desprezado em sua pátria e em sua casa" (Mt 13, 57). Seus milagres se justificavam na ligação feita com os milagres dos profetas. Também suas perseguições. "Jerusalém, Jerusalém, tu que matas os profetas" (Mt 23, 37). Sua relação com o Império Romano foi conflituosa, apesar de não ter tido contato diretamente com as maiores autoridades. No entanto, questionou as estruturas injustas. Principalmente as defendidas pelos sacerdotes. Basta ver a crítica que fez ao sacerdote na Parábola do Bom Samaritano. Jesus era severo com os doutores da lei e com os fariseus. Conheciam a Lei de Deus, mas a limitavam segundo seu interesse. O caso do fariseu e do coletor de impostos é um resumo de toda crítica de Jesus. Religião de fachada, com raízes no orgulho (Lc 18, 9-14).

Jesus seguiu as tradições proféticas e a elas acrescentou algo novo e fundamental. Inaugurou o Reino de Deus, transmitindo essa missão aos seus discípulos. Uma semente a ser cultivada. Seus frutos não acontecem de forma mágica. "Quem vai construir um mundo de justiça e de misericórdia? Serão os que vão colocar as suas energias a serviço dessa construção do reino, de uma humanidade que levanta os pobres e reduz a arrogância dos poderosos, uma humanidade em que se aplicarão as bem-aventuranças pronunciadas por Jesus."[3] Ele inaugurou um novo tipo de profetismo. Se os antigos denunciavam os poderosos, exigindo justiça; no anúncio do Reinado de Deus, Jesus não só apontou para o futuro, mas realizou essa expectativa com palavras e ações. N´Ele, entrou na história uma dinâmica nova de humanidade. A partir de agora, o reinado de Deus é o elemento constitutivo de todo profetismo.

3 *Ibidem*, p. 71.

Sua instância de discernimento para qualquer pessoa ou movimento profético.

Entre os anos 30 e 65 (d. C.), os profetas palestinenses se encontravam entre os seguidores de Jesus. Provavelmente, foram eles que recordaram suas palavras mais fortes, nas fontes primitivas do Evangelho. Os helenistas exortavam sobre a vida nova em Jesus. "Não extingais o espírito, não desprezeis as profecias. Discerni tudo e ficai com o que é bom" (1 Ts 5, 19-21). Paulo destacou a profecia como o dom mais importante. "Aspirai aos dons do Espírito, principalmente à profecia" (1 Cor 14, 1). Entre 65 e 85 (d. C.), nos sinóticos e Atos dos Apóstolos, temos cenas importantes. Para Marcos, Jesus foi profeta que falava de Deus com autoridade. Lucas parte de Marcos, e mostra a cena dos discípulos de Emaús: "foi um profeta poderoso em obra e em palavra" (Lc 24, 19). Em Atos dos Apóstolos, a comunidade comunicou ao mundo a profecia de Jesus. Cresce a consciência de que o Espírito acompanha a comunidade, que começa a se organizar ao redor de seus anciãos e presbíteros. Mateus também, colocando Jesus como mestre, mostrou que a comunidade se estabelecia sob a liderança de presbíteros.

No período de 85 a 100 (d. C.), os profetas foram associados aos apóstolos nos escritos paulinos. "Ele é que concedeu a uns ser apóstolos; a outros, profetas; a outros, evangelistas; a outros, pastores e mestres" (Ef 4,11). Nas epístolas pastorais, há os ministérios para a construção das comunidades, sem aparecer a questão dos profetas. O Evangelho de João está mais centrado na conversão dos Judeus ao cristianismo, adoradores em Espírito e verdade. Trata-se da presença do Espírito que gera o discípulo amado. Em comunhão com Pedro, base da organização, as cartas joaninas preocuparam-se com a espiritualização exagerada da pessoa de Jesus. Por isso, mostram a vida cristã no agir concreto da vida.

Combateram uma fé interior sem gestos concretos de amor. O apocalipse, por sua vez, é o texto da vida nova de quem crê em Jesus e denuncia o relaxamento.

Com a paz constantiniana, no ano 325 (d.C.), o testemunho dos mártires foi esquecido pelo acúmulo de honras e privilégios por parte dos cristãos. Por buscarem agradar o imperador, o jardim do cristianismo ficou sem sua mais bela flor, a herança profética. O monaquismo nasceu dessa preocupação, da busca de uma vida evangélica. Basílio fundou a vida monástica e São Jerônimo levou o monaquismo para o Ocidente. Para os monges, a Igreja verdadeira era dos pobres e não do Império. À medida que a Igreja foi invadida pelos ricos, surgiram os Santos Padres. Foram também bispos que exerceram sua missão profética.

João Crisóstomo, do sec. IV, patriarca de Constantinopla, fez críticas duras aos ricos porque exploravam os pobres. Inclusive aos sacerdotes, por se ocuparem de seus negócios. São Basílio, de Cesareia, escreveu as regras monásticas com Gregório de Nazianzo. Grande mestre da Igreja Oriental, que afirmou: "a quantos pobres não poderia livrar de suas dívidas um só de seus anéis?" São Gregório Nazianzeno, amigo de Basílio, comentando sobre o Juízo final, disse que alguns foram condenados porque não cuidaram de Cristo na pessoa dos pobres. Assim sendo, "para os santos padres dos séculos IV e V, Deus deixou os bens da criação igualmente para todos. Não criou a separação de classes. A propriedade privada não procede de Deus e é fruto da cobiça e da violência dos mais fortes".[4]

O período da Idade Média é mais complexo para o surgimento dos profetas. Por mil anos os cristãos tentaram se organizar através dos monges. Eram pobres entre os ricos donos de

4 *Ibidem*, p. 71.

propriedades. A partir do séc. XXII reapareceram os profetas. São Francisco de Assis é o início de uma nova profecia. Nasceu em Assis, em 1181. Filho de um rico comerciante de tecidos, diante do Crucifixo de São Damião ouviu uma voz: "Francisco, vai, reforma minha casa que, como vês, virou ruína". Começou a trabalhar de pedreiro para reformar a Igreja Porciúncula. Ouvindo a pregação de um padre sobre envio missionário, decidiu que era isso que queria. Assim, descobriu que a Igreja a ser reformada não era a de pedra, mas a do povo. Um parêntese imprescindível nessa linha histórica é reconhecer a importância de o atual pontífice ter escolhido esse nome. Pompas, regalias, ostentações não combinam com o profetismo cristão.

Voltando a São Francisco de Assis, a história registra que Inocêncio III teve um sonho de que a Basílica de Latrão estava prestes a cair. E era sustentada por um homenzinho. Giotto celebrizou esse episódio em um dos seus importantes afrescos, mostrando Francisco amparando uma Igreja em queda. Francisco queria um grupo de leigos vivendo o ideal da pobreza. Fez ressurgir o Evangelho num ocidente tão dividido entre pobres e ricos. Não pensava, certamente, que fosse mudar a economia. "Quis imitar o exemplo da primeira comunidade cristã e o exemplo de Jesus. Queria que a Igreja desse um sinal de renúncia ao poder do dinheiro... dessa maneira, ele foi o precursor das lutas sociais do Ocidente."[5] Sua figura é inspiração em favor da paz. Durante muito tempo, seus Fioretti manifestaram sua sensibilidade e encantamento pelas obras da criação. No entanto, a supervalorização dessa dimensão ocultou o profetismo contra as estruturas injustas da riqueza.

No período da Reforma, a questão dos pobres ficou no esquecimento. Mesmo com as grandes críticas às riquezas da Igreja e

---

5 *Ibidem*, p. 136.

ao comércio de coisas religiosas, as disputas se concentraram em problemas doutrinários. Lutero se manifestou com grande força em suas teses contra os excessos das compras de indulgências. No entanto, não se avançou na defesa dos mais pobres. Com o descobrimento das américas, o Papa entregou aos reis a questão também da evangelização. Aos povos originários, bastava o aprendizado de algumas orações para serem batizados. Os primeiros a denunciarem o extermínio dos indígenas foram os dominicanos. Frei Antônio Montezinhos pronunciou um célebre sermão no advento de 1511. Bartolomeu de las Casas o resumiu, como bem pequeno fragmento que revela a força de sua profecia. "Esta voz é de que todos vós estais em pecado mortal e nele viveis e morreis por causa da crueldade e tirania que usais com estas gentes inocentes. Dizei, com que direito e com que justiça tendes em tão cruel e horrível servidão estes índios?"[6]

Bartolomeu de las Casas foi a grande voz profética dos inícios da colonização das Américas. Fez muitas viagens entre o novo continente e a Espanha para denunciar as atrocidades contra os povos indígenas. Comblin destaca, assim, seus maiores temas. "A injustiça da conquista e a denúncia dos horrores praticados com os índios; em segundo lugar, a tese de que não se pode converter por meio da violência, e toda evangelização tem de ser feita em plena liberdade, sem ameaça e sem força militar."[7] Desmascarou a conquista das Índias, que era justificada pela conversão de seus habitantes. Mostrou que o grande fascínio dos espanhóis era a descoberta do ouro. Por conta dessa ganância, forçavam os indígenas ao trabalho pesado, até a morte. Em seguida, chegaram os Franciscanos, de vida simples. Depois disso, a história da Igreja na América

---

6 *Ibidem*, p. 167.

7 *Ibidem*, p. 169.

Latina limitou-se a estar alinhada aos ensinamentos do Concílio de Trento. Não havia chance para qualquer crítica social. Com um clero dependente dos poderes da época e os bispos nomeados pelos reis, a nobreza era sempre preferida pela Igreja. Criticar o reino era a mesma coisa que criticar a Igreja.

O cristianismo, desde seus inícios, conviveu com sociedades agrícolas. Essa foi a estrutura social de 5 mil anos a.C. até o séc. XX d.C. Com a revolução industrial, movimento global que causou, sobretudo no clero, a luta por manter a estrutura rural de cristandade, mudanças profundas aconteceram. O que surgia com a independência da sociedade em relação à Igreja era condenado. Por um longo período, qualquer avanço da sociedade era considerado como obra do demônio. Coisas de marxistas, liberalistas, como propagandas anticristãs e de má fé. Somente com o Concílio Vaticano II, aconteceu o grande discurso profético de João XXIII, apesar de muitos bispos não estarem preparados para isso. E a saudade da cristandade continuou em magistérios posteriores, empoderando movimentos católicos. Hoje, presenciamos fragmentos desses retrocessos em influencers cibernéticos que conquistam multidões com um discurso paralelo de retorno à cristandade ou nas expressões variadas de grupos fixadas em questões periféricas cristãs.

No final do Concílio Vaticano II, um grupo de 40 bispos latino-americanos fez o chamado pacto das catacumbas. Dele, originou-se um importante material para a Conferência de Medelin. Esse grupo de bispos explicitou o desejo de viver conforme o modo ordinário das populações, com um estilo de vida simples na alimentação, moradia, meios de locomoção etc. Em Medelin, a Igreja procurou assumir essa atitude de estar presente no mundo. Na conferência, os bispos não tiveram medo das palavras libertação e justiça. Buscou-se uma Igreja autenticamente pobre, missionária, pascal e corajosamente comprometida com a libertação "do homem todo e de todos os homens". Depois, Puebla seguiu esse modelo. Dom Oscar Romero, figura importante de El Salvador, depois de posturas conservadoras nas origens de seu ministério, converteu-se, porque viu o sofrimento dos camponeses. Usou suas homilias semanais como lugar de denúncias. Assassinado no dia 24 de março de 1980, é inspiração para uma Igreja pobre com os pobres.

O profeta se converte a partir do grito dos pobres. Assume estar ao seu lado, denunciando a indiferença ou o comodismo eclesial e social. Em nossa sociedade globalizada, as grandes empresas, com o domínio da tecnologia da informação, têm poderes enormes. No entanto, não são absolutas. É claro que não existe nenhuma forma mágica de desmascarar os escombros produzidos pelo sistema. Os efeitos dos transgênicos, as tragédias ambientais, as violações dos direitos dos trabalhadores... "fatos assim, em geral, não suscitam reações; até que alguém decida levantar a voz. Essa voz é o profeta".[8] Ele propaga a voz dos que não têm voz. De modo que não há voz profética que não nasça do meio dos pobres. Por isso o profeta é perseguido. Pela sociedade ou por estruturas religiosas, como aconteceu com o próprio Jesus.

A força do profeta revela o poder do não-poder. E denuncia a idolatria do dinheiro. Profeta não usa a Palavra de Deus como palanque para se tornar conhecido. Seu interesse é que o Reinado de Deus cresça mediante a paz e a justiça. É claro que, pela sua ousadia e liberdade, torna-se conhecido. Mas ele mesmo sabe fazer disso uma oportunidade para dar voz aos mais pobres. No caso de aceitar cargos apenas por vaidade, seu profetismo se enfraquece ou termina. Em tempos das grandes plataformas virtuais, é claro que as profecias necessitam das mídias. Elas são diferenciais nas disputas pelos latifúndios midiáticos. Em muitos casos, possuem força por si mesmos.

---

8 *Ibidem*, p. 261.

E se tornam vozes divulgadas em redes não católicas. Porque sua presença é incômoda também no interior da própria Igreja. É a comunicação popular que ecoa a presença dos profetas, muitas vezes, de formas espontâneas. O profeta não carece de promoção porque sua visibilidade se dá na defesa da dignidade dos descartados e das feridas da terra, frente aos desmandos dos poderosos.

SER SANTO

Tenho pensado tanto
No que é ser santo
Em tempos atuais

Texto que ilumina
Vem do próprio Jesus
Nossa fonte cristalina

Bem-aventurados
Os pobres, livres
No Espírito!

E os mansos
Que herdarão a terra
Sem fazer guerra

São felizes
Os que lutam dia a dia
Curadores de cicatrizes
Na busca pela justiça

Os misericordiosos
De amor visceral
Vida cheia de perdão
Que vence todo mal

Os puros de coração
Sem preconceitos
Promotores da paz

E tem mais
Felizes os perseguidos
Por causa do Evangelho

Talvez seja isso
O que mais inquieta
Na via da santidade
O destino dos profetas

“Põe teu dedo aqui e vê minhas mãos!” (Jo 20, 27)

Jesus misericordioso
Dai-nos, no escuro de nosso tempo, a luz para sermos bons
Coragem de lutar pelos direitos humanos e da Terra
Pela paz, contra a guerra
No meio da tormenta, sois presença que nos alenta
Ficai conosco, nessa noite tão triste
Do contrário, a gente desiste.

A Páscoa de Cristo é realização de todas as profecias. O que mora de aberto nas chagas do ressuscitado que ressurgiu para além da morte? O mais fundo de sua identidade histórica. Estigmas abertos pela violência e que se revestem de fonte de perdão, de um reino novo, da não-violência. Perdão que transborda a justiça como compromisso do perdão. O cristão é filho das justas chagas que perdoam. As feridas redimidas, no redentor da vida, quebram as cadeias do ódio. E abrem as portas do paraíso, de outro mundo possível. Transportando para o aquém o que o se vislumbra no além. Só tem sentido falar de cruz para os atingidos se ela apontar para um horizonte justo e solidário, movimento que põe o ser humano a caminho, em busca de novos aromas, que não os da lama, dos materiais tóxicos. O cheiro do Vale do Paraopeba ficou pesado, na mistura dos corpos e dos metais tóxicos. Foi preciso buscar nas fontes mais fundas da vida, outras essências, para além das aparências.

"As mulheres, porém, que tinham vindo da Galileia com Jesus, haviam seguido a José; observaram o túmulo e como o corpo de Jesus fora ali depositado. Em seguida, voltaram e prepararam aromas e perfumes" (Lc 23, 55-56). No aroma, o cheiro de nova essência, jamais sentida. Ele mesmo irrompeu-se e se mostrou glorioso. Os primeiros a reconhecê-lo, sentiram seu cheiro, sua presença única. Amor jamais visto. Os enamorados se reconhecem pelo perfume. Se o pastor deve conhecer o cheiro das ovelhas, as ovelhas também reconhecem o perfume do pastor. O texto de João conta-nos que Tomé não estava com eles quando veio Jesus pela primeira vez. Pode parecer uma figura estranha, resistente, esse apóstolo. No entanto, ao confessar "meu Senhor e meu Deus", Tomé está em seu momento de tocar as chagas. "Só posso acreditar em Cristo e ter o direito de exclamar meu senhor e meu Deus apenas se tocar em suas feridas das quais nosso mundo ainda está cheio. Caso contrário, digo senhor, senhor simplesmente em vão e sem nenhum efeito."[1] Essas feridas só podem ser reconhecidas como do redentor se houver alguém com sensibilidade de ungi-las com o perfume do amor. Seguindo a atitude divina que também liberta seu povo, fazendo-se corpo ferido.

A partir dessa realidade, Jesus mostra a solidariedade de Deus com os que padecem por sistemas de morte. Suas chagas revelam a Tomé que Ele, o ressuscitado, é o mesmo que percorreu os dramas de nossa vida. "No relato do Evangelho, Deus aparece como um Deus ferido, não como o deus apático dos estoicos ou como uma projeção de nossos desejos, muito menos como um símbolo das ambições de poder de uma nação. É um Deus compassivo que sente conosco, que sofre conosco."[2] O luto da comunidade primitiva é

---

1 HALIK, Tomás. *Toque as feridas*. Entrevista disponível em www.ihu.unisinos.br/categorias/598198-toque-as-feridas-artigo-de-tomas-halik.

2 *Idem*.

paradigmático. Luto que vira luta. Ele orienta os tantos escombros difíceis de hoje. Principalmente de quem espera a madrugada da ressurreição. E dela não abre mão em suas inúmeras pelejas. Os evangelhos nos contam esse luto originário. Nele, podemos encontrar a experiência da morte do Justo e ligá-la aos justos da história. Não há experiência pascal sem a memória do "jeito que Ele foi embora". Não morreu velho em uma cama. Sua cruz faz parte de um drama. É a consequência da inauguração do reino novo. O do amor sem fronteiras. Luto como memória continuada também dos que foram assassinados pela violência, vida afora. E a busca de justiça, a extensão do perdão.

Como diz Mendoza, pelo seu olhar teológico, "nos dispomos a perscrutar no testemunho do luto da comunidade cristã primitiva os sinais da antecipação *escatológica* do Reinado de Deus, compreendidos como *lampejos* e *antecipações* daquela plenitude oferecida pela Sabedoria divina como um dom gratuito, assimétrico e não-recíproco do amor de Deus a todos os povos da Terra."[3] Os discípulos viveram um luto único e inaugural com a morte de Jesus, germinal da esperança, conteúdo fontal para transformar em luta, os lutos de hoje. Toca a nós, sobreviventes, a tarefa pessoal e coletiva de buscar a verdade e a justiça. Do contrário, não dormirão em paz nossos defuntos. Não é bem isso que nos ensinam os povos originários ao comemorarem seus ancestrais? E ao dizerem que o futuro é também ancestral.

A história terrena de Jesus conheceu um sepulcro. Os evangelhos dizem que seu cadáver foi enterrado em um túmulo. O lugar se chamava Gólgota. No ano 30 da Era comum, depois da Páscoa judaica, algumas mulheres e discípulos foram ao túmulo e o encontraram vazio. Não havia nenhum vestígio do corpo. Na

---

3 MENDOZA-ÁLVARES, Carlos. *Op. cit.*, p. 212.

ausência dos sinais da matéria corpórea, o que faz alguém viver na saudade é o desejo. A história do amor foi sepultada, no pleno de sua singularidade existencial. Um corpo único, de particular digital. Ainda mais a de Jesus, a luz que brilhou nas trevas. O transbordar da vida que resistiu em não morrer por inteiro. E no rastro das palavras e ações, seus amigos e amigas o buscaram. Na verdade, foi Ele, no misterioso corpo glorioso, que os buscou. Ninguém procura sem antes sentir-se envolvido. Somos seres encarnados. Feitos de herança e caminho. Há uma interconexão entre nós e o céu. Sem isso, não seria possível reconhecer Jesus como vindo de Deus.

Os sobreviventes veem na memória das vítimas sistêmicas a antecipação de um tempo novo. Nesse sentido, o luto primitivo da maior vítima da história humana, Jesus Cristo, retrata a força inaugural da expectativa pascal. É dessa utopia que também vivem tantos movimentos que gritam por justiça. Os mortos, como afirma Leonardo Boff, têm esse caráter de insurreição. Movimento que inaugura uma história radicalmente nova, na qual Deus molda seu reino a partir dos excluídos. Claro que a história de Jesus, pela força do testemunho dos Evangelhos, tem a particularidade de um corpo novo. Aquele que morreu, ressurgiu. Sem isso não há cristianismo. Não dá para aprofundar, aqui, uma teologia da ressurreição por limites de tempo e capacidade. Mas, nessa pequena clareira poética pascal, imagino o que sonha em nós em plena noite. E me aproximo dos mártires sistêmicos como nossas sementes. Porque deram sua vida ao que propõe o Evangelho de Jesus.

Jesus, nascido nas margens da sociedade, foi um galileu que se revelou como Filho do homem. Ao longo da sua pregação na Galileia, essa expressão designava a realização das promessas do Reinado de Deus. Mais tarde, em Jerusalém, Jesus radicalizou a sua postura ao utilizar a expressão "o filho do homem". Devido, essencialmente, ao conflito com os saduceus e com as autoridades do Templo, deixou florescer um tom apocalíptico. Desse modo, associou a morte do filho do homem com a realização das promessas de Deus feitas a Israel. Jesus teve consciência da densidade escatológica de seu profetismo. Em sua historicidade, algo novo estava começando. Um profetismo que veio das margens, da periferia como realização das promessas antigas. Ele não viria montado num jumento. Seria um servo sofredor.

O Filho do homem deveria ser julgado por conta do confronto de seu reinado com os poderes do mundo. O Deus da vida diante das idolatrias, das hipocrisias; Filho do homem, sem engano: Esperança da humanidade nova; um corpo estranhamente outro, transparente de amor. Loucura para uma corporeidade velha, acostumada às amarras da violência egoísta de tudo que significa competição. Corpo que rompeu com as cadeias do egoísmo. Morreu vítima do poder religioso e político. Mas não terminou ali o que havia inaugurado. Nas releituras pascais, seus seguidores contaram como o reconheceram. No reino que não morre. Do qual ele mesmo é a semente primeira de um mundo diferente. Reino que é oferecido e pede acolhida, mundo de irmãs e irmãos. Jesus é a humanidade nova.

Diante da discussão sobre o poder, Jesus ensinou que o maior é aquele que serve. "Se alguém deseja ser o primeiro, seja o último e servidor *(diakonos)* de todos." O Reino de Deus é centralidade na pregação de Jesus (Cfr. Lc 4, 16-21). "Desse modo, seus primeiros destinatários foram os *nepioi*, os pequenos do Reino dos céus, chamados assim pelo evangelista Lucas. Eles evocam aos *anawin* de Israel, o pequeno resto. A exegese moderna dos relatos da pregação e curas de Jesus como taumaturgo enfatizou a preferência de Jesus pelos enfermos, os pobres e os desvalidos, como sinal de uma preferência de Deus pelo seu povo sofredor desde que era escravo no Egito."[4] Os pobres ganham a estatura de serem a instância crítica coletiva do cristianismo. O lastro de

---

4 *Ibidem*, p. 237.

amor na Terra. No banquete que eles não estiverem, Jesus também não estará. Vinde, benditos! A Páscoa cristã é a celebração da comunhão que começa a partir dos pequenos. É desse ponto de partida que compreendemos a chegada. Na glória, os primeiros são os excluídos da história.

O relato da crucifixão de Jesus mostra o trauma da morte, o processo do luto, a dispersão da comunidade que Ele havia formado. Era a hora do espanto e da frustração. A comunidade jesuânica passou por cruciais interrogações. Que tipo de messianismo seria o de Jesus? Os grandes passos da exegese iluminista ajudaram a chegar em um patamar para além da materialidade dos processos da morte de Jesus. O cenário escatológico que nasceu da esperança em meio ao túmulo vazio, alargou o horizonte. O que sobreviveu com o corpo glorioso de Cristo? Apenas a expectativa da eternidade ou Ele é também antecipação para alguma utopia terrena? Teria o ressuscitado apenas retornado glorioso ao seu lugar de origem, deixando para trás tudo que viveu, para ser promessa segura de outra vida no pós-morte? Ou a experiência das primeiras comunidades revelam algo fundamental para a vida concreta nessa Terra?

Mendoza nos aponta uma perspectiva que merece atenção. Sobretudo na proposta desse livro crepuscular. Para que não deleguemos para o céu o que deve ser vivido no agora da Terra. Na Páscoa cristã há "uma contração do tempo que é farpa messiânica, mas como esperança para as vítimas, para os seus sobreviventes e, se os algozes se deixam levar pelo dinamismo do reconhecimento, também eles como convidados a receber a redenção".[5] Marcos termina seu evangelho com o susto do túmulo vazio. Mais tarde surgem os relatos da ressurreição. O que nossa

5 *Ibidem*, p. 246.

fé nos ensina é que "o *novum* pascal designa, pois, o acesso a uma experiência nova da temporalidade, agora em perspectiva messiânica de intensificação da redenção a partir da vida empenhada dos justos".[6]

Algo totalmente novo aconteceu na Páscoa, que não possui nenhuma analogia com as experiências empíricas. No entanto, se ela não encontrasse abertura nas vias concretas da vida e da morte, não seria possível reconhecê-la. Por isso, esse novo é paradoxal. Ao mesmo tempo que instaura um rompimento com a temporalidade e com a espacialidade comuns; é reconhecido por vestígios concretos. A Páscoa é o mais de Deus operando em nosso mínimo. Fecundando-o para um além. Que tem seu marco inaugural em Cristo. Por isso, a história de Jesus não pode ser lida de forma fragmentada. A experiência pascal não está deslocada de suas palavras e gestos encarnados. "O que vimos e ouvimos nós vos anunciamos, para que também vós tenhais comunhão conosco" (1Jo 1, 3). O novo céu já está em ação na Terra. Sem esse dom, a luta em favor dos pequenos seria válida, mas carente de horizonte. O maior dogma da fé cristã, a confissão de que Jesus, também descartado, ressuscitou, é o alicerce místico para lutarmos contra toda realidade injusta nessa vida.

O luto se dá entre o emudecimento, as lágrimas e o anúncio. Relatos do túmulo vazio e da ressurreição. Memória que se fez também escritura em linguagem interpretativa. Da execução à glorificação, um caminho que só ganhou luz no depois do vivido. Como uma história que não pode ser compreendida, antes que desvele seu final. Em Jesus, Deus se fez história. A ser lida em seu percurso inteiro. O final ilumina o que veio antes. *Descendit ad ínferos*. A dimensão escatológica do Messias não diz respeito somente ao futuro como novidade pascal. É resgaste do que ficou nos escombros do passado,

6 *Ibidem*, p. 257.

considerado morto. A Páscoa de Jesus reascendeu a esperança do que passou e foi considerado lixo da história. Sua Páscoa não aponta somente para o futuro. É uma volta ao passado, em perspectiva de redenção. Como luz que só ganha sentido no encontro de seu objeto iluminado. Para isso, era preciso que descesse. Mais que subida, a Páscoa de Cristo é uma aventura kenótica de um Deus que ama no reles de cada passo de nosso chão.

Ressurreição é insurreição messiânica. Inaugura uma nova temporalidade antissistêmica. Na noite cultural desse crepúsculo, creio que essa perspectiva da ressurreição enche a travessia de esperança. É a graça necessária para modelarmos novos tempos. Nossos povos nos ensinam processos de ancestralidade. O luto prototípico de Jesus de Nazaré, a vítima que ressurgiu na memória da comunidade enlutada, nos conduz à questão da ressurreição enquanto insurreição messiânica. "Nessa perspectiva da temporalidade messiânica, o acontecimento originário da tradição cristã que é a Páscoa de Jesus, será lido na perspectiva de um binômio fundacional: a vida entregue do justo e o luto esperançado da parte da sua comunidade de sobreviventes."[7] Os atingidos possuem senhas pascais. O trauma, de alguma forma, lhes impôs a ruptura da onipotência e abriu-lhes o que é próprio do ser humano, a finitude. Mas na proximidade do extermínio próprio, ao ver os que foram de fato exterminados, não conseguem mais a sobrevivência sem a memória deles. Se quem vive na memória não morre, quem faz memória traz o além para o aquém como forma de esperançar o viver.

A Páscoa de Jesus não é somente um problema da vida que continua no depois da morte. Ela altera a vida dos sobreviventes. A insurreição se põe no imaginário de um mundo novo a partir das

---

7 *Ibidem*, p. 286.

feridas das vítimas sistêmicas. Essa rebeldia da permanência do que não morre nas mortes violentas, mostra que o próprio Deus toma partido das vítimas.

Insurreição é luta por outra vida na práxis dos sobreviventes. "Por isso, falar da *ressurreição como insurreição*, no contexto pós-moderno, implica evocar, primeiro, o fundo antropológico do desmantelamento da rivalidade fratricida na própria subjetividade, para que então possa surgir "desde dentro" a experiência de vida nova."[8] Ele, ao matar a rivalidade, abriu as portas da fraternidade e da sororidade. O amor é uma luz ultra-humana; o desbordar divino que expande os limites de nossas preferências restritas. É ágape.

"Eu ouvi uma voz do céu, que dizia: Escreve: Felizes os mortos que doravante morrem no Senhor. Sim, diz o Espírito, descansem dos seus trabalhos, pois as suas obras os seguem" (Cfr. Apoc 14, 13). O ressuscitado transpôs o túmulo da violência, tornando-se, Ele mesmo, o broto de uma nova história. O mundo que chega com Ele é ruptura com a lógica fratricida. E acrescento: também ecocida. É o Reino inaugurado e realizado na história do Messias que, no tempo atual, possibilita o retorno da vítima como memória ancestral. Ele é o cordeiro degolado que reina (Cfr. Apoc 21, 23; Ef 2, 14-15). Que derrubou o muro da inimizade. Eis a vida escondida em Deus. "Uma vida escondida com o Messias é aquela que vive a temporalidade do dom, como farpa que dói e como antecipação escatológica que é o consolo no seio da história violenta. Não tem a capacidade de deter a espiral total da violência, mas enfraquecer seu poder de destruição. Por meio do dom e da superabundância. A vida do Messias crucificado é bússola para compreender o sentido das resistências dos sobreviventes, com a sua indignação,

---

8 *Ibidem*, p. 295.

clamor e esperança que os acompanham, que lhes dão sentido e que fortalecem suas resiliências."[9]

Segundo Mendoza, para os povos americanos, os ancestrais devem ser respeitados pelos vivos. Em seus direitos. Caso contrário, é quebrado o vínculo transcendente com o mundo dos mortos. Quando abandonamos os defuntos ao esquecimento, nos desligamos da outra realidade que eles vivem. A vida mais potente, da qual são sementes. Esquecer os defuntos não é uma tragédia para eles, mas para a memória dos vivos, que morre no esquecer. Sua ancestralidade é reserva de sentido. Não há o que esperar na frente sem o que já se deu antes. Assim como o fruto traz consigo a lembrança da folha que já secou. Não há nada desconectado no mistério dos vivos, nem a morte. Em Brumadinho dizemos assim: lembrar sempre para que nunca nos esqueçamos do jeito que eles foram embora. Os mortos testemunham nossa luta. O tempo messiânico mostra que a temporalidade interrompe a fatalidade da história, passando da dominação aos atos de gratuidade. É o salto qualitativo: da história de rivalidade à contra-história de doação. Da reciprocidade para a gratuidade.

"Revesti-vos do amor porque ele é o vínculo da perfeição" (Cl 3, 14). O amor é a irrupção do tempo último nas vicissitudes da história. Sua vivência transborda o sentido puramente material. Ele é a única forma de antecipar, no meio do horror, a feição do ressuscitado. Superando as disputas ao instaurar a equidade. Somente a partir das vítimas sobreviventes o broto pascal nasce. "A práxis de libertação dos oprimidos, enraizada nesse terreno fecundo da condição messiânica que vivem os justos da história, abre-se então à possibilidade de instaurar uma complexa rede de práxis de dignidade, justiça com verdade e democracia

9 *Ibidem*, p. 301.

com equidade, que favoreçam a antecipação da redenção como promessa realizada de intersubjetividade conseguida no amor de doação."[10]

Segundo o Talmud hebraico, o advento dessa nova temporalidade é de onde nasce a prática ético-política-espiritual. Trata-se de dar um pedaço de pão aos que padecem pela ganância humana. Que a mística judaica simbolizou com uma mesa preparada para a refeição. Depois de todos ocuparem seus lugares, conserva-se, sempre, um lugar vazio. Para quem ocupar? O Messias, caso ele chegue. As famílias de Brumadinho têm o costume de, em qualquer ato que forem abordar o tema do crime, convidarem as pessoas para um minuto de silêncio. Em seguida, pronunciam a expressão "272 joias", ao que todos respondem: "presentes!" Em cada dia 25, todos os nomes são lidos, ao som de presente, presente, presente... já aconteceu de não poderem entrar com os nomes em algum evento, e de contestarem, renunciando à participação. Porque existe essa convicção: "onde eles não entram, também não entramos". Esse tipo de testemunho só pode ser acolhido na perspectiva do reinado de Deus. Para as empresas, que pensam no lucro, são elementos não bem-vindos. É por isso que o neoliberalismo já não se sustenta mais. Estancou suas ganâncias e as vítimas foram corrosivas. Ele explodirá cada vez mais. Aqui, as barragens. O que será em outras paragens?

NOSSO MESSIAS

O nosso Messias
Nasceu na periferia
Morreu na cruz
Boa nova de alegria
O amor inteirinho

---

10 *Ibidem*, p. 311.

Fez o que pregou
Ele é nosso caminho
Coração todo aberto
Divino, seu reinado
Perdão do pecado

Para as multidões
Em vez de armas
Multiplicou pães

Curou os doentes
De suas dores
Louvou as flores
E não os fuzis

Tudo o que quis
Foi justiça e paz
Mudou nossa sorte
Ao vencer a morte

Ele, o vivente
O que pede de nós
No agora, dorido

De alegre peleja
Um dom repartido
Que nossa vida seja

As chagas como senhas pascais: de onde nascem os sonhos

Há um pedido constante para que o bispo se preocupe em salvar almas
Considerando que o Evangelho nos diz
Que as almas serão salvas por terem ajudado corpos
(famintos, com sede, presos etc.)
Então qual a dúvida? Vinde benditos
Deus nos livre de um cristianismo torto, sem corpo.

Cremos em um Deus ferido de amor por nós. O corpo de Cristo se rasga em suas chagas ao inaugurar o Reino de Deus. Mundo novo para todos. Não há espiritualidade mais profunda, de um "tanto" que transborda. A gratuidade do Deus da vida. Em suas chagas vemos a paixão. Marcas de um amor fiel. Supera a reciprocidade, nas vias da gratuidade. Em seu corpo, aparentemente destruído, o que é vencido é a violência sistêmica, comprovada nos vestígios das chagas que permaneceram de sua materialidade corpórea. As aberturas de seu lado são lacunas por onde correram sangue e água. A identidade que não permite que seja um fantasma. O "sou eu mesmo" é o que faz o discípulo esperançar. "Se eu não vir nas mãos os sinais dos cravos, e não puser o dedo no lugar dos cravos e minha mão no seu lado, não acreditarei" (Jo 20, 25). A descrença é curada pela abertura das feridas do senhor da vida. Segurança de que não se trata de uma ilusão. As chagas carregam a identidade do amor.

Nosso Deus não é abstrato, apenas do mundo das ideias, dos dogmas. É o Ungido para curar os de coração ferido. "Põe aqui o dedo e olha minhas mãos, estende a mão e põe no meu lado, e não sejas incrédulo, mas homem de fé" (Jo 20, 27). Para nossos dias, esse é outro sagrado critério profético. A instância crítica para o reconhecimento do Cristo mesmo. Para não se perder em falsas utopias que se proliferam na pluralidade da religião. O que conta, então? As feridas! O mundo já não precisa de religiões ilesas. De bolhas que escondem os escombros. Precisa é de ombro que ajude a carregar os corpos crucificados de hoje, e de parresia para combater as causas da morte. Bem que deveria ser exigido para todas as vítimas da tragédia de Brumadinho o seguinte: causa da morte – o cinismo da Vale, que diz ter como regra primeira a defesa da vida.

Esse episódio pós-pascal de Tomé, no avesso do que se costuma entender, vai além de uma simples descrença. O apóstolo pode ser escolhido por nós como janela aberta para o crer na pós-modernidade contemporânea. É bem ele nosso patrono. Já não somos tomistas, doutores de grandes tratados teológicos. Estamos mais para "tomesianos", os cuidadores de feridas. Nesse tempo, no qual sangram tantas chagas socioambientais, pouco importa um Deus distante dos problemas. Como afirma Halik "preciso confessar que meu coração e a minha fé só podem pertencer ao Deus capaz de mostrar as suas feridas".[1] E o teólogo relembra São Gregório Magno ao dizer que "a incredulidade de Tomé foi mais útil à nossa fé do que a fé dos discípulos crentes".

No ponto mais agudo desse meu escrito. Quando a reflexão mescla a dor de nossos povos atingidos por crimes sistêmicos e da terra, que sangra em seu corpo violado pela ganância,

1 HALÍK, Tomás. *Op. cit.*, p. 13.

perguntamos: onde está nosso Deus, querido Apóstolo? Seus dedos nos mostram o rumo nas chagas, o lugar teológico contemporâneo por excelência. Não a ostentação, o pódio, as conquistas que dilaceram vidas. "A cruz de Cristo é um espelho, no qual reconhecemos o mal e a violência em toda sua crueza. É uma afirmação brutal, mas muito realista sobre o mundo no qual Jesus vivia e no qual também nós vivemos."[2] Incomoda-me quando alguém diz "precisamos de mais espiritualidade e menos política". Sempre dói, porque aí está uma declaração alienada e preconceituosa. Não há instrumento mais político do que a cruz de Cristo. Não compreendo como ainda a exaltamos como objeto mágico, desencarnado, cruz sem o crucificado, crucificado sem os pormenores de sua crucifixão. Jesus, o descartado de ontem; sem os abandonados de hoje. Seria importante se em nossas catequeses aprendêssemos bem a praticar a leitura crítica da paixão. Não apenas como texto para aguçar sentimentalismos, material para peças de teatro. Foi crucificado porque seu reinado não era compatível com o de seus algozes. Por isso, Ele entrou em confronto, num julgamento desleal. De um lado a brutalidade do poder arrogante; do outro, o despojamento do amor indefeso, à espera de uma acolhida de algum amante.

Peço, todos os dias, que também eu não me sucumba a um cristianismo fácil. Eu que já tanto andei e ando pelas margens, buscando Deus numa forma de caridade abstrata, até ser jogado na lama. E enfrentar um verdadeiro drama. Hoje, inspira muito figuras como Júlio Lancellotti, Dulce dos pobres, as mães de Brumadinho. Desarticulam não só nas palavras. Provocam, ainda demais, nos seus corpos. Na compreensão da brutalidade do mal causado não somente pelas pessoas ruins, mas também pela

---

2 *Ibidem*, p. 27.

indiferença dos bons. Em muitos cenários cristãos, a obsessão pela verdade, pela doutrina, como ocorre entre posturas fundamentalistas e exclusivistas, restringe a fé a um "Senhor, Senhor!" E se esquecem quem de fato Ele é. O Deus que não está na distância entre céu e terra. Jesus seria para nós uma enganação se não fosse sua encarnação. Ele fez tanto esforço para estar conosco na Terra e a gente tem lutado para voltar com Ele para o céu. "O que fizestes a um desses meus irmãos menores, a mim o fizestes" (Cfr Mt 25, 31-45).

Tocar as feridas de Cristo e deixar ser tocados por elas. Encontrar-se com a escuridão do abandono e esperançar. É preciso distinguir esse sentir abandonado de ser desamparado. O desamparo é fissura sem cura. É o limite de ser a gente mesmo. Abandono, não. Deve ser superado. Seu lado possível é precisamente a confiança de algum encontro misterioso. "Meu Deus, por que me abandonastes?" (Mc 15, 34). O grito de Jesus é manifestação de abertura ao encontro. Entrega sua vida na confiança relacional com o Pai e na liberdade de uma obra consumada. Por isso, suas feridas são sacramento de um mundo novo. Tomé é protótipo de discípulo do ressuscitado, pela ousadia de tocar as chagas e reconhecer nelas o que permanece vivo no depois da morte. Somente é capaz de reconhecer Deus nos oprimidos quem vive uma profunda experiência de contemplação desse mistério. Esse encontro traz para o mundo um aspecto de transparência do sem mal algum. A pura beleza de ser. A recriação da pureza que continua no amor que perdoa.

Espanta-me, em demasiado, o vínculo atual de grupos que se dizem cristãos e apoiam o armamento, a tortura, o preconceito. Não consigo ver outra coisa nisso, senão um escândalo. Um afastamento radical do amor cristão. "Quando a força dos símbolos religiosos se une à força das armas, elas criam uma aliança diabólica

– como todas as alianças entre religião e política – que, mais cedo ou mais tarde, gera quimeras e espectros do terror."[3] O selo da vitória de Cristo é aberto por quem consegue tocar as feridas. E se ferindo, não fere os outros. Vai além das correntes estreitas do mal. Não faz um jogo banal com a palavra Jesus. Reconhece-o em sua cruz. Nessa mesma que tantos sofredores carregam no mundo, vítimas de um sistema violento. A cruz é uma posição política radical de Deus. Exposta no coração do mundo. É a arma contra todos os poderes que corrompem a lei do amor serviço. Nela, nos encontramos com a vida dos crucificados de hoje. No reinado de Deus, ser manso, misericordioso, pobre é nadar contra a corrente de um sistema que põe o lucro acima da vida. É perseguido quem dessa missão não se esconde. No entanto, é no meio dos pequenos que a gente se torna grande.

A ressurreição rompe com qualquer imagem de Deus vingador. Ela é a surpresa do renascer. Somos obra inicial de uma bênção. No princípio, era a graça. Pecado é desvio de rota. A vida é que está na origem de tudo. Um dos textos mais fortes de São João diz exatamente isso. "Eu vim para que todos tenham vida e a tenham em abundância" (Jo 10, 10). As chagas permanecem no corpo ressuscitado como memória de quem quebrou todas as cadeias de violência, retornando a uma fonte de graça mais original. O corpo ressuscitado é um basta a tudo que a agressão produz em tantos corpos dilacerados. O perdão de Cristo é extravasamento de amor que rompe com as cadeias da injustiça e da violência. Não há missão mais forte para os discípulos de Jesus do que a vivência diária do perdão. "Àqueles a quem perdoardes os pecados, ser-lhes-ão perdoados; àqueles a quem os retiverdes; ser-lhes-ão retidos" (Jo 20, 23).

3 *Ibidem*, p. 88.

É equívoco transferir para Deus a responsabilidade pelos dramas mais agudos da humanidade. Ele nos criou com a capacidade de cuidar. Não fará por nós o que nos deu poder para realizar. Quando rezamos, em todas as nossas súplicas mais difíceis, não podemos "lavar as mãos" diante de nossas tarefas. Toda oração cristã é a mistura da confiança com o compromisso. Tudo que é profundamente humano está em Deus. Não podemos oferecer a Ele alguma coisa que já não seja Dele. E quando estamos Nele, não há nada Dele que já não esteja em nós. Fora de Deus só existe o inferno. O possível caminho de alienação absoluta no egoísmo. Sobre as feridas, nossa missão é ungir. Não as sangrar ainda mais. Em sofrimentos extremos, muito se pergunta onde está Deus. Talvez essa pergunta sirva como desabafo. Mas para ela não encontraremos solução. A não ser quando invertemos a questão. Quando mudamos o foco e nos perguntamos onde estamos nós nas situações dramáticas da vida.

Irmã Nuria tem um belo escrito sobre o perfume, no Evangelho. Ao analisar Jo 12, 1-11, a unção em Betânia, mostra que a unção tem a função de preparar a segunda parte do evangelho. "Em João 11-12 o autor antecipa, mediante o uso de diversos recursos estilísticos, todo o mistério pascal de Jesus antes de sua realização em João 13-20."[4] É o anúncio da morte e sepultura de Jesus e seu caráter messiânico. A cena de Maria se contrasta com a reação de Judas. Um amor gratuito diante de um coração interesseiro. Se o perfume de Maria exala na casa inteira, as falsas intenções de Judas repercutem somente sua identidade de ladrão. Maria banha os pés de Jesus com perfume e os seca com amor. Jesus lavará os pés de Judas, traidor, amando-o até o extremo (Cfr. Jo 13, 14-21). Essa é

4 CALDUCH-BENAGES, Nuria. *El perfume del Evangelio. Jesús se encuentra con las mujeres*. Navarra: Verbo Divino, 2008, p. 101.

a pergunta mais acertada. De que lado estamos, de quem unge o Senhor, ou do lado do traidor?

"Maria ungiu os pés de Jesus com tanto perfume que teve que os secar com seus cabelos. Os cabelos de Maria recolhem o perfume dos pés de Jesus, e ela se sente envolta em sua fragrância. A partir desse momento, o perfume de Jesus é também o perfume de Maria. Esse novo perfume enche a casa como evangelho que enche o mundo."[5] A casa é o Reino de Deus, comunidade dos crentes. O mais importante não é o lugar do encontro. E sim a comunicação estabelecida por Deus com a humanidade. E a sensibilidade feminina que o acolhe, comunidade na qual o Cristo Ressuscitado está sempre presente. "A casa está cheia da fragrância. Todo seu espaço vital torna-se inundado como se não pudesse dar lugar para mais perfume. Somente se respira perfume de nardo – agora, o perfume de Jesus e de Maria – por todos os rincões. Sua fragrância é tão penetrante que não pode ser ignorada ou escondida (Cfr Ef 4, 10: presença de Cristo que enche o universo). Se expande por todas as partes. A casa (a comunidade de crentes) está cheia (plena em sua totalidade) da fragrância do perfume."[6]

Tenho que confessar a predileção por essa pulsão vital feminina, muitas vezes esquecida pela tradição heteronormativa. É profética a manifestação do ressuscitado primeiro a elas. Maria de Magdala, aquela da qual Jesus tinha expulsado sete diabos, foi a primeira a testemunhar o ressuscitado, apóstola dos apóstolos. Lembro-me do luto das mulheres de Brumadinho, diante da tragédia da Vale. Elas mantêm a luta pela memória, justiça, reparação e encontro. Resistem ao esquecimento. É preciso lembrar para não morrer de esquecer. Estão sempre nas lutas, nos atos.

---

5 *Ibidem*, p. 101.

6 *Ibidem*, p. 115.

Carregam os nomes, os fatos. E não temem enfrentar o dragão da mineração. É feminino o amor pascal, enquanto masculina foi a brutalidade do mal. Em muitos momentos, quando penso no absurdo de tanta luta para não conseguir quase nada, lembro-me dessas senhoras. E levo em minhas retinas o dia em que estive com Nora Cortiñas, que há quarenta anos faz o ato na Praça de Maio, em Buenos Aires. Por todos os desaparecidos pela ditadura. Encanta-me o que move essa procura.

Verônica emprestou o véu para Jesus. Compaixão, na paixão. O cristo imprime seus estigmas em quem doa seu corpo para testemunhá-Lo. É misteriosa essa comunhão corpórea. Ter sintonia nas ideias não é o mais difícil. Costumo dizer, quando alguém pergunta sobre o critério básico para verificar a veracidade de uma narrativa cristã: é preciso ver se as palavras são acompanhadas por atitudes do corpo. Em sua carta aos Efésios, São Paulo mostra o discípulo como aquele que exala o bom odor de Cristo. O Corpo de Jesus, sepultado, ferido por tantas chagas injustas, não termina com a morte. Ele está vivo, como perfume que se expande por todo o universo. Esse novo corpo do ressuscitado tem mais cheiro do que todas as plantas do jardim do Éden. Sua fragrância que se expande pelo mundo inteiro, comunicando vida e salvação. Expansão que se dá toda vez que assumimos a compaixão de Verônica ou a unção de Maria. Essa é a nossa principal tônica na vivência da fé cristã. Revoltar-nos contra o silêncio de Deus de nada adianta. O que mais espanta? O silêncio, a indiferença humana.

Lembro-me de minha predileta atenção para o colo materno de Maria, na cena da Pietà, com o corpo do filho morto no colo. Deus faz todas as coisas com amor. Sinto que essa sabedoria amorosa tem feições femininas. "Antes de ser sepultado no ventre da terra, o corpo do Filho descansa por um momento no colo da mãe. Maria simboliza a Terra: assim como, no início da criação, a Terra estava deserta e vazia e o Espírito de Deus pairava sobre as águas."[7] Quantas feridas anônimas são ungidas por alguma Maria. Nas atrocidades humanas em tantas mortes insanas. Enquanto houver abraço no meio do cansaço, Deus fará em nós o que puder para continuar seu caminho de modelagem do mundo novo. A força feminina muito nos ensina; que hoje, diante das feridas socioambientais, não haverá páscoa se não houver colo, seja de corpos humanos, do ar, da água ou do solo. O corpo de Cristo se encontra ferido em muitas realidades dessa nossa travessia crepuscular. Então, resta-nos ter a prontidão da Mater Dolorosa. A Páscoa de Cristo nos deu essa autoridade. Ser sinal de ressurreição em toda realidade que se pareça perdida. Quando, insistentemente, curamos feridas.

MAGNIFICAT

Sim, Maria,
Em vossa vida
Deus fez maravilhas

Gerações vos louvam
Em todas as horas
Com flores, cantos
E vivas, Nossa Senhora!

Coroada estais no céu
Serva humilde e fiel
E aqui na Terra?

Se não podemos
Dar-vos outra coroa
Aceitai, mãe tão boa
Nossa humilde oração

---

7 HALÍK, Tomás. *Op. cit.*, Petrópolis: Vozes, 2020, p. 161.

E ajudai-nos
A viver a profecia
Dita no Magnificat

Tirar do trono
Quem se sente dono
Do outro, da criação

Ao machismo
Dizer não e não
E a todo egoísmo

E um dia, esperamos
Convosco estar
Na divina glória
E para sempre cantar
A eterna vitória

Mãos e pequis. Ilustração de José Veloso

PARTE III
IRMÃOS E IRMÃS CUIDADORES DA CASA COMUM

> **"... prefiro uma Igreja acidentada, ferida e enlameada por ter saído pelas estradas, a uma Igreja enferma pelo fechamento e a comodidade de se agarrar às próprias seguranças."**
>
> **(EG, 49)**

De onde vem essa força tamanha?
Que balança o ar que me assanha
Na profecia de ser paz em vez de guerra
Cuidar dos pobres feridos e da terra
Ser o clarão de uma chama bem acesa
Mesmo sabendo de sua faina indefesa
Acender o fogo do amor
Em tudo que padece sem luz e calor.

Na aventura crepuscular é possível ver os primeiros raios de sol. Dedico essa última parte às redes de solidariedade. Aos defensores dos direitos humanos e da Terra que sempre dizem "ninguém solta a mão de ninguém". Principalmente nos últimos anos, sinto o quanto é divina a humana resistência. Em prol da democracia, da defesa da vida em geral. Contra a demência, avançamos como sociedade brasileira. Freamos, pelo menos, a violência fascista. Quanta beleza para quem luta pela ecologia integral. Anielle Franco, ministra da igualdade racial e Sônia Guajajara, primeira indígena a assumir ministério dos povos originários, reforçam a democracia! Pisa ligeiro. Quem não pode com formiga, não assanha o formigueiro.

Para celebrar esse novo alvorecer, do jardim, da sociedade e da Igreja, inspiro-me no Papa Francisco. Com ele, penso que a esperança vencerá qualquer tipo de mentalidade derrotista. Não combina com cristianismo a indiferença. Sonhar um planeta Terra como casa coletiva e uma sociedade da fraternidade e da amizade é nossa missão. Enquanto Igreja, ser dos pobres. Com eles andar e viver de corpo e alma. No final do crepúsculo, segurarei minhas mãos nos testemunhos. Procurarei mostrar o "já" no meio de tantos "ainda não". No final, indicarei alguns nomes que me são muito caros nesses últimos anos. É de lembrar que a gente resiste. Com a voz na estrada, em romaria. Em memória das 272 joias, pela ecologia. Nosso luto é do verbo lutar. Porque a esperança é dom do céu que não deixa morrer em nós a profecia. Bem ela, a dama que abre caminhos e não nos deixa caminhar sozinhos.

Considero tríplice a demanda de conversão proposta pelo Magistério do Papa Francisco, diante desses cenários de crise socioambiental. São elas: eclesial, ecológica e cultural. Os documentos *Evangelii Gaudium*, *Laudato Sì e Fratelli Tutti* tecem visões amplas e fundamentais. Pretensão de alcance? A sociedade global e a Igreja, em sua disposição de dar exemplo, que inicia processos. Conversão eclesial surge como primeiro convite aos discípulos e missionários de Jesus. Por sua vez, a conversão ecológica é um apelo que envolve toda a humanidade e a Terra. A conversão cultural nos coloca na responsabilidade de cuidar coletivamente da sociedade e da casa comum como irmãos e irmãs. Em tantas andanças, encontro-me com uma Igreja que já saiu, peregrina, na cultura globalizada. Esse "para fora" é raio novo de luz crepuscular. E há gente também plantando água. Nossos povos originários que mantêm a floresta de pé. E quantos grupos de solidariedade. O amor vencerá.

A Igreja Católica tem tocado nos problemas mais agudos de nossa travessia cultural, ainda que sejam lentas as mudanças da práxis pastoral. Desde a fonte de vida que é o Evangelho, até sua encarnação mais real na vida de nossos povos, há uma contribuição na análise de conjuntura geral. Porque tem uma autoridade socioambiental, pela presença em nossas comunidades e territórios mais diversos. O diálogo com a sociedade é elemento constitutivo da vida e missão da Igreja. Considero, ainda, que esses três pilares evangelho-cultura-criação exorcizam a tentação de uma eclesiologia autorreferencial e devolve à Igreja sua missão de ser sacramento de salvação. Evita a infeliz retração de um discurso religioso apegado a um conceito fragmentário de ser humano. Une fé e vida numa visão integral do ser humano e da vida.

Depois da tragédia/crime da Vale, em Brumadinho, vivo uma conversão continuada. Já relatei isso algumas vezes. Consigo ver na Laudato Sì os fundamentos para meu entendimento desse processo de conversão ecológica. Ao longo de vários anos mergulhei a vida na pesquisa filosófica. Fiz uma tese doutoral sobre cristianismo não religioso no pensamento de Gianni Vattimo. Caritas, kênosis, pós-modernidade foram palavras centrais na aventura. Fui influenciado pelo pensamento enfraquecido, uma corrente hermenêutica de pensamento frágil como força para os mais fracos. Crítico ao domínio metafísico das verdades únicas. Pensar aberto e plural. Depois, dediquei-me alguns anos a um estágio pós-doutoral sobre a vulnerabilidade contemporânea. Descobri que habitamos a época das vulnerabilidades, e que a principal delas é a corpórea.

Até chegar o tempo da tragédia, ainda me considerava um metafísico, criticando a metafísica. Discursei muito sobre o amor. Mas o dia de jogar o corpo na lama chegou. Também de ver nascer outra chama. Tentarei abordar esse caminho pessoal como fragmentos de luzes no amanhecer crepuscular. Não podemos mais cortar árvores para levantar cruzeiros em nossa missão. Se quisermos continuar sendo cristãos, temos que cuidar das nascentes. Do contrário, nem água teremos para o batismo. Será nosso abismo. A morte brutal de Dom Phillips e Bruno Pereira sangra em todos nós que levantamos a voz em favor da vida. Defender os povos indígenas, a Amazônia, causa-nos insônia por tantas ameaças. Reforcemos a luta pela justiça socioambiental. O Brasil tem que sair desse fosso tão infernal.

Como terceiro eixo dessa parte final, a conversão cultural. E como aprendi com os quilombos, as aldeias, as favelas e assentamentos! São escolas de vida, verdadeira educação popular com todas suas consequências. É da periferia que vem o mundo novo. A cultura é a casa singular onde mora cada pessoa. Não há nenhuma justificativa para impor um modo de vida sobre os outros. O capitalismo é violento principalmente porque vende uma imagem falsa de liberdade. A pessoa pode ser livre, mas consumindo o que ele produz. Pobre de quem deseja ser diferente. O capital é o uniforme mais caro que todos somos obrigados a vestir. Os bancos não dão opção. A internet também não. E dizem que somos livres. Só podemos comer produtos com agrotóxico, porque o agro é pop. Está na hora de mudar a roupa e ser mais simples. Quero terminar a vida olhando nos olhos de todo ser humano e enxergando apenas que são pessoas integradas a uma enorme biodiversidade. Os brancos, indígenas, negros e mulatos participam da mesma carne que eu. Por isso, devemos comer no mesmo prato. A terra, ao invés de ser depósito de nosso lixo, é nossa mãe, que merece todo capricho.

ROMARIA

Bendita, bendita, bendita seja nossa romaria
Bendita a Palavra de Deus que nos guia (refrão)

Viemos dos campos, quilombos e aldeias
Das vilas pequenas e grandes cidades
É Cristo a luz que o caminho clareia
Buscamos o Reino da irmandade

Boa economia de Francisco e Clara
Tomara que cresça bem logo tomara
Nova terra de paz e justiça novo Céu
Vida que mana pra todos leite e mel

Conversão eclesial: alegria do Evangelho

O vigor desse "entre nós"
É fruto do Espírito, que não nos deixa calar a voz
Ecos do Evangelho da vida
Nesse tempo que se chama hoje
São as novas profecias
Defesa dos pobres e da ecologia
Para cada gesto de intolerância, indignação
E o firme anúncio: somos irmãs e irmãos

A alegria do Evangelho faz parte da vida de todos aqueles e aquelas que se encontram com Jesus, na realidade contemporânea marcada pelo risco da tristeza individualista. Hoje, muitos pensam em ser felizes sozinhos. Essa é uma proposta contrária ao Reino de Deus (Cfr. EG, 2). Por isso a alegria do Evangelho é pascal. Papa Francisco alerta ser uma pena que haja cristãos que tenham escolhido "viver uma quaresma sem Páscoa" (EG, 6). Voltemos nossa vida para o horizonte de alegria. Ele se dá em nossa relação de amizade com o Senhor. Quem se joga nessa relação com a boa notícia do Evangelho, torna-se feliz por evangelizar. "Ai de mim se eu não evangelizar" (2 Cor 5, 14). Quando trabalhamos as luzes e sombras de tudo que mora bem no fundo da gente, tanto mais nos tornamos abertos. Só quem lida bem com sua solidão é capaz de oferecer o melhor de si e se tornar fraterno e relacional, sem pretensões perfeccionistas, como instrumento que sabe de seu lugar único, mas que fica menor fora da orquestra.

O Evangelho é uma fonte inesgotável para o singular de cada um de nós. Que se transforma em alegria missionária, dom para o conjunto da sociedade. Assim, evangelizar deve acontecer por atração, por oferta, sem imposição. "Cada cristão e cada comunidade há de discernir qual é o caminho que o Senhor lhe pede, mas todos somos convidados a aceitar este chamado: sair da própria comodidade e ter a coragem de alcançar todas as periferias que precisam do Evangelho" (EG, 20). Para isso, é preciso que sejamos uma igreja em saída, contraindo o "cheiro das ovelhas" (EG, 24). Uma conversão pastoral é urgente para que a Igreja responda à sua missão no mundo atual. "Sonho com uma opção missionária capaz de transformar tudo, para que os costumes, os estilos, os horários, a linguagem e toda a estrutura eclesial se tornem um canal proporcionado mais à evangelização do mundo atual que à preservação" (EG, 27).

A missão se encarna nas contingências humanas. A Igreja missionária "nunca se fecha, nunca se refugia nas próprias seguranças, nunca opta pela rigidez autodefensiva" (EG, 45). Mantém-se com as portas abertas para os mais pobres. Mais que sair de um lugar para outro, entendo essa partida enquanto despojamento, abertura corpórea para um encontro. Apego-me ao "verbo que se fez carne" e nos deu a possibilidade de uma carne que se faz verbo, na relação de alteridade. Um corpo em construção interrelacional. Enquanto minha Igreja não abrir mão de seus "dogmatismos", não sairá de lugar nenhum. Quando meu ponto de partida é a certeza de que tenho a verdade e o outro não, não há encontro. Num recente congresso missionário, propusemos a troca de paradigma. No lugar de missão ad gentes, que tal missão *inter gentibus*. Missão se faz juntos. A dinâmica da caridade tem primazia sobre o dogma verdade.

As frestas de luz, para o amanhecer de uma nova cultura, vejo-as através do discernimento evangélico. Não obstante todo o avanço da informação, da ciência, da tecnologia, são enormes os dramas da sociedade global. Agrava-se, cada vez mais, o fato de que os "excluídos não são explorados, mas resíduos, sobras" (EG, 53). Essa realidade nos impulsiona a dizer uma série de nãos: "não a uma economia da exclusão"; "não à nova idolatria do dinheiro"; "não a um dinheiro que governa ao invés de servir"; "não à desigualdade social que gera a violência". Confesso minha perplexidade no cenário das últimas eleições presidenciais brasileiras 2022. Deus, pátria e família, tudo se deu numa fábrica de fake News. Coisa assustadora. E com grande apoio de gente de frente de nossas Igrejas. Enquanto isso, os recordes de desmatamento da Amazônia, a negação das vacinas contra covid 19, o preconceito contra LGBTQIA+, nada disso foi capaz para despertar o senso crítico de muitos de nós. Uma bíblia na mão e uma arma na outra.

O encontro com Jesus nos leva ao outro. Gera em nós a mística da fraternidade. Quando essa experiência é autêntica, ela nos livra do mundanismo espiritual. "Em alguns, há um cuidado exibicionista da liturgia, da doutrina e do prestígio da Igreja, mas não se preocupam que o Evangelho adquira uma real inserção no povo fiel de Deus e nas necessidades concretas da história... em outros, há a necessidade de se mostrarem superiores... em outros ainda, o funcionalismo que transforma a Igreja numa organização" (EG, 95). O amor nos faz irmãos, viajantes da mesma barca. Ele é o antídoto das guerras entre nós. Move-nos sempre para o perdão.

"Não te deixes vencer pelo mal, mas vence o mal com o bem" (Rm 12, 21). Há muitos desafios a serem enfrentados no interior de nossa Igreja. Apesar do protagonismo das expressões do laicato, por exemplo, sua presença limita-se no seio da própria comunidade. Enquanto isso, o compromisso social fica enfraquecido. Há caminho a ser percorrido no que tange à importância das mulheres na igreja, da participação dos jovens, das vocações. Só é possível superar o mal do clericalismo se for enfrentada a questão da ordenação de homens casados, das mulheres e a inclusão dos casais homoafetivos.

O evangelho deve ser assumido na diversidade, porque é o próprio espírito que conduz a unidade, mantendo aquilo que é transcultural. "É indiscutível que uma única cultura não esgota o mistério da redenção de Cristo" (EG, 118). Todos somos missionários e nossas imperfeições não são pretexto para nos afastarmos dessa vocação. Somos chamados a dar testemunho do amor salvífico de Jesus, que nos oferece a sua proximidade, sua Palavra, sua força e dá sentido à nossa vida. "A missão é um estímulo para continuarmos crescendo" (EG, 121). No encontro do Evangelho com as culturas, a piedade popular tem papel importante, porque ela é fruto do Espírito Santo.

Em toda a Palavra de Deus há uma estreita ligação entre amar a Deus e ao próximo. "Sempre que fizestes isto a um destes meus irmãos mais pequeninos, a mim mesmo o fizestes" (Mt 25, 40). Nossa relação pessoal e coletiva com o mistério de Deus Trino nos envia à construção do Reino de Deus. "Já não se pode afirmar que a religião deve limitar-se ao âmbito privado e serve apenas para preparar as almas para o céu" (EG, 182). O máximo da vinculação entre amor a Deus e ao próximo se dá com o mandamento novo de Jesus. É dicotomia servir a Deus sem se sentir interpelado pela realidade dos mais pobres. "Olhai que o salário que não pagastes, aos trabalhadores que ceifaram os vossos campos, está a clamar; e os clamores dos ceifeiros chegaram aos ouvidos do Senhor do universo" (Tg 5, 4).

O pedido de Jesus é claro: "dai-lhes vós mesmos de comer" (Mc 6, 37). O grande legado da doutrina social da Igreja nos mostra que os mais pobres têm lugar privilegiado no meio do Povo de Deus.

É doutrina cristã cuidar e promovê-los. A economia tem por obrigação cuidar da casa comum e de tudo que nela é coletivo. Jesus, nosso modelo de evangelizador, cuidou dos mais pequeninos (Mt 25, 40). Hoje, os sem abrigo, os refugiados, os povos indígenas, os idosos, as mulheres, os nascituros, os idosos etc. sofrem tantos danos. E o que dizer da perda da biodiversidade, da poluição do ar, da contaminação da água? Tudo isso que em nós deságua como correntezas obscuras.

A realidade é superior à ideia. Nossa Igreja não pode fechar os olhos para os fatos da vida. Deles devem nascer as reflexões e para sua transformação são necessárias boas elaborações. A Igreja não ocupa o lugar do Estado, no entanto contribui para um mundo melhor sendo uma autêntica voz política. O diálogo entre fé e ciência apresenta elementos importantes para o desenvolvimento dos povos. "A Igreja não pretende deter o progresso admirável das ciências. Pelo contrário, alegra-se e inclusivamente desfruta reconhecendo o enorme potencial que Deus deu à mente humana" (EG, 243). No Brasil, ao longo da pandemia, fomos vítimas de absurdas irracionalidades "religiosas", jargões sem fundamento algum. O coronavírus matou muita gente por negligência do governo e por defesas infundadas cientificamente. É triste ver o povo ser enganado com argumentos rasos sobre verdades infundadas.

"Do ponto de vista da evangelização, não servem as propostas místicas desprovidas de um vigoroso compromisso social e missionário, nem os discursos e ações sociais e pastorais sem uma espiritualidade que transforme o coração" (EG, 262). Outra atitude é a alegria de saber que somos Povo de Deus. Missão é paixão por Jesus e pelo seu povo. Nos escombros da realidade, buscamos o rosto da esperança pascal. "Onde parecia que tudo morreu, voltam a aparecer, por todos os lados, os rebentos da ressurreição" (EG, 276). É o Espírito que vem, sempre, em socorro de nossas fraquezas (Rm 8, 26). Na perspectiva cristã, toda análise de realidade guarda consigo a inquieta busca pelos sinais dos tempos. Crepúsculo, a imagem natural composta de tarde, noite e manhã. Não é só a visão de um ser humano limitado. É também dádiva, gratuidade, a terra dos homens e de Deus.

Brumadinho foi minha lida de conversão existencial. Em maio de 2017, fui ordenado bispo, por Dom Walmor, na Igreja de São José, em Belo Horizonte, uma casa bem redentorista que ajudei a cuidar por quase 10 anos, como provincial. Santuário de uma beleza artística maravilhosa, por muitos considerado a catedral do povo. Lembro-me de ter dito, nos agradecimentos da cerimônia de ordenação, do desejo de ser bispo dos pobres. Fui convidado para assumir o Vale do Paraopeba como lugar de missão permanente. Desde maio daquele ano, entrei nesse Vale profundo. Brumadinho, Moeda, Belo Vale, Piedade dos Gerais, Bonfim, Rio Manso, Crucilândia, e depois agregamos Mário Campos. 12 paróquias, com mais de 200 comunidades. No início, os trabalhos faziam parte de um Vicariato para ação missionária. Povo muito devoto, geografia exuberante. Foi um amor que chegou logo. Fui mudando não só de mentalidade, mas de endereço. E me instalei em Brumadinho.

No dia 25 de janeiro de 2019, a Vale fez nascer um vale de lágrimas. Estava chegando de férias quando recebi um telefonema: "Se estiver vindo para Brumadinho, cuidado, porque rompeu uma barragem". Meu corpo iniciou ali uma experiência da qual tento dar conta todos os dias. Não foram somente toneladas de rejeitos que se romperam, foi um mundo que terminou naquele instante. O capitalismo tem se tornado uma fábrica de morte. No imediato, decidi fazer outro caminho, sem tempo para refletir. Deixei as coisas no Palácio Cristo Rei, em Belo Horizonte. Uma das religiosas da casa me disse: "descanse um pouco". Mas eu saí imediatamente. Fui com um dos diáconos permanentes. Passamos por uma outra estrada, porque a oficial estava interrompida. Pelo caminho da Conquistinha, chegamos a Brumadinho por volta das 18h. O rompimento foi às 12h28. Joguei-me na lama contra toda e qualquer oposição. Paguei e pago o preço todos os dias. Mas se eu não tivesse feito isso, talvez teria ficado na agonia de tentar explicar o inexplicável. E teria sido também tragado por uma pulsão de morte burguesa.

Lembro-me bem do que o filósofo Gianni Vattimo disse no prefácio de meu livro sobre o cristianismo não religioso em sua filosofia: "Agora é preciso conquistar o front", sobre como não deixar a caridade ser aprisionada por conceitos e estruturas, ganhando a estrada. Nessa hora, mesmo não tendo nada programado, vi-me desalojado. E comecei um novo caminho. A Igreja pode se tornar, para muitos, uma estrutura de "aburguesamento". Aceitei partir, talvez de um lugar no qual eu mesmo tinha me acomodado. Era preciso. Os trabalhos no pós-tragédia foram de acolhida de tantas dores em seu abandono. Abraços, celebrações, enterros, doações. Deu-se de tudo um pouco, do corpo e dos alimentos. Foram meses de uma rotina totalmente improvisada. No meio das correrias é claro que algumas programações eram necessárias. Mas tudo se fez mesmo foi na pressa do momento.

Dizer a palavra crime foi o início de uma peleja, juntamente com o sepultamento dos mortos. Três meses depois, as pressões começaram. "Ninguém mais aguenta falar nisso". Vieram me sugerir para não celebrar a missa do dia 25. Mudei-a de local por um sentimento de respeito. Mas já sabia a quem o esquecimento interessava. Avancei na comunicação, resisti na narrativa, mesmo sabendo o que poderia vir pela frente. Na primeira romaria pela ecologia integral a Brumadinho, celebração de um ano do crime, houve um longo movimento, diálogo dentro e fora da Igreja. Seus pilares? Memória: foi crime da Vale, com 272 joias mortas, pelas lutas e resistências;

justiça e reparação: luta pelos direitos dos atingidos, punição dos responsáveis; esperança: alternativas de bem viver.

A romaria nasceu com envolvimento de vários organismos eclesiais e sociais. Desde o início, caracterizou-se como grito profético. Orante: numa perspectiva bíblico libertadora. Político: em defesa dos direitos humanos e da natureza. E pela ecologia integral em suas dimensões cultural, socioeconômico e ambiental. Foram envolvidas lideranças da Arquidiocese de Belo Horizonte, da RENSER, das pastorais e dos movimentos sociais. Principalmente MST, MAB e MAN. Em dezembro de 2019, iniciaram alguns eventos prévios. O Sarau Versos e Preces percorreu várias comunidades. Tejuco, Casa Branca, Brumadinho, entre outras. Momento de músicas, poesias e convivência. A arte em favor da nova consciência ecológica. Tudo preparado para o grande dia. E como chovia nas vésperas. Mas o céu se abriu. Na manhã de 25, informaram-me sobre várias faixas criticando o evento. "A Igreja não pode ser usada para fins políticos." "A essência da Igreja é a liturgia, não a mística". "A missão da Igreja é salvar almas."

Aproximadamente 5 mil pessoas participaram dos eventos. Missa em Brumadinho, na parte da manhã; caminhada até o letreiro para o Ato das Famílias e no Córrego do Feijão, onde também houve celebração. Tudo foi muito intenso e tenso. Na caminhada, lia as faixas, entendendo que alguma coisa mudaria em minha vida. A partir daí, comecei a passar por várias críticas, diante das quais vivi longos silêncios. Mas cresceram também as redes, porque esse amor não se mede. Ele não é só pessoal. É de muita gente, a luta pela ecologia integral, ser voz para os sem voz. Cito tudo isso nesse escrito para ilustrar o crepúsculo do qual falamos. Não há páscoa sem romaria, sem estar nas ruas. Uma Igreja que não queira incomodar, corre risco. Com excesso de dogmas, rigidez de rubricas litúrgicas, higienismo no que se comunica, não será nunca "em saída". Organize uma romaria que tenha ideias eclesiais junto com a dos movimentos sociais. Rapidamente você entenderá onde a tesoura corta mais.

Em 2020, o ano foi todo tomado pela Pandemia. E o Vale se tornou Região Episcopal Nossa Senhora do Rosário pela sua dinâmica missionária. Tudo parecia mais aberto. Mas de início, recebi uma lista contendo 18 itens com críticas muito sérias aos trabalhos. Resumidamente, "a região seria uma ilusão". Segui, superando mais esse cenário controverso. No pouco que pude, ajudei as comunidades. Sobretudo com a conscientização sobre a pandemia e com a campanha solidariedade em rede. Pessoalmente, assumi uma crítica forte ao desgoverno federal. Não vem ao caso elencar as denúncias. Guardo muita coisa no coração e nas redes sociais. Thalita, a mãe de três filhas, que morreu de covid aos 40 anos. Era professora. Não tinha nenhuma comorbidade. Morreu por negligência do poder público. Pela negação da vacina. E assim foram muitos outros casos. Ampliei a equipe de trabalho e começamos a avançar entre críticas mais ostensivas: herege, comunista, petista. Haja lista!

A segunda romaria pela ecologia integral aconteceu no formato virtual. Com uma celebração mais restrita, no Córrego do Feijão. 2021 começou conturbado. Brumadinho atravessou uma das maiores enchentes de sua história. Mais uma disruptura em nosso caminho pastoral. Muita água misturada com lama. Os rejeitos da mineração despertados do fundo do rio e das encostas. Mais uma vez, foi imediata a resposta. Abrigamos, por duas semanas, mais de 80 pessoas no Santuário Nossa Senhora do Rosário, em Brumadinho. A maioria dessa gente, vinda do bairro Canto do Rio. Foi um Deus nos acuda. Mas superamos entre acolhida e gritos contra a mineração predatória. Sei que tudo está gravado na memória. Mas é preciso escrever. Quem sabe alguém irá ler? E se convencer de que a maioria das tragédias ambientais são causadas pela irresponsabilidade humana. Conseguimos realizar a III Romaria pela Ecologia Integral a Brumadinho. A participação foi ótima.

Em seguida, percorri cinco países europeus. Para incidências internacionais. De novo, as críticas e a solidariedade. "Com dinheiro de quem?" "O bispo das foquinhas." "Salvar almas que é bom, nada." Jargões e mais jargões. Mantive a postura firme, participando de vários atos e lives contra o governo vigente. Isso me custou ainda mais caro. Entretanto, o alívio. A democracia venceu a eleição. Deus, na lucidez de nosso povo, nos livrou de continuar na escuridão. Bendita a luz do dia! que continuei vendo também porque escapei de um possível atentado contra minha vida. Não relatarei o acontecido para não ocupar seu tempo. Era o que faltava para dar meu grito e exigir respeito. Fui ingressado no programa de defensores de direitos humanos.

Alguns pontos são claros. A mineração divide as lideranças. E nunca leva isso para sua balança. É como se o erro fosse da gente. Não foi uma, nem duas vezes que alguém me pediu para maneirar, porque estava falando demais. Sensação de estar sempre com o "inimigo rondando por perto", o que torna o trabalho ainda mais vulnerável. Resisti muito em escrever tudo isso na primeira pessoa. O fiz para corroborar esse discurso crepuscular. Talvez seja aquela mesma ousadia de Maria que, na manhã do primeiro dia, foi ao túmulo. No desejo de ver algo novo. O que justifica o risco? É que se recuamos, a Vale continua como única narrativa.

Nos últimos tempos, iniciei com um grupo de assessores um projeto na região, a partir do projeto pastoral Proclamar a Palavra da Arquidiocese de Belo Horizonte, em sintonia com a CNBB, juntamente com os padres, diáconos, leigos e equipe de leigos. Em pouco tempo, articulamos vários grupos: Conselho pastoral e presbiteral, liturgia, catequese, juventude, família, e a grande novidade que foi o nascimento do grupo de Semeadores da Laudato Sì. Sei que os passos são lentos, mas já existe algum alento. Há sentido de pertença. E os olhos começaram a ver.

FRUTOS DE AMOR

Trindade Santa
Dai-me a boa visão
Capaz de enxergar atento
As maravilhas da criação

Livrai-me do engano
De ver só o que aceito
Como se as diferenças
Fossem apenas defeitos

Fortalecei meus passos
Para que eu combata
Os perigosos laços
As armadilhas do mal

E quando não enxergar
Nenhum pequeno sinal
Não me deixeis sozinho
Sem luz no caminho

Até que um dia o amor
Semente Vossa em mim
Celebre a festa dos frutos
Em Vosso eterno jardim

Ecologia Integral: a casa comum é nosso chão

Agora vou curtir, disse o rico, tendo enchido o celeiro
Não sabia ele que a morte o buscaria primeiro (Lc 12, 13-21)
O acúmulo é a grande loucura capitalista
Responsável por nossa tragédia socioambiental
Se não cuidarmos bem da terra que somos,
Não teremos o céu que sonhamos.

A pandemia do Covid 19, que dizimou tantas vidas humanas, afetou todos os ritmos e as dinâmicas de produção, consumo, acumulação e desperdício que marcaram a economia-mundo nos últimos séculos. Não é um simples acidente de percurso na história socioambiental do nosso tempo globalizado. É resultado de um conjunto de opções feitas ao longo dos últimos anos, que vulnerabilizam os corpos humanos, conectados a um modo de produção e consumo que desmata, polui e aquece o planeta e que também empobrece uma parte crescente da humanidade. As últimas décadas foram de aprofundamento da desigualdade. Somos sobreviventes. Ainda há tempo, mas tem que ser agora. A terra implora. Ecologia Integral é o tema transversal. Sem ele, continuaremos mal. Há luzes. E onde não há estrelas, na noite escura, somos chamados a acendê-las.

No Brasil, o combate à fome, que vinha diminuindo-a até 2014, perdeu sua força por três anos consecutivos (2017-2019), e está agora de volta ao nível de 2011. Com isso, o drama da fome deve aumentar tremendamente em função da crise econômica que se avizinha. A Campanha da Fraternidade 2023 tratou desse tema.[1] Relendo a Laudato Si' em tempos pandêmicos, percebemos toda sua intensidade profética. Não é possível vida saudável se nossa casa comum está doente. Partindo de uma impactante visão da realidade, que aborda o que está acontecendo com nossa casa comum: poluição, mudanças climáticas, questão da água, grave perda da biodiversidade, revela que "hoje, a análise dos problemas ambientais é inseparável da análise dos contextos humanos, familiares, laborais, urbanos e da relação de cada pessoa consigo mesma, que gera um modo específico de se relacionar com os outros e com o meio ambiente" (LS, 141).

Deus, que tudo criou por amor, deu ao ser humano a importante vocação de ser o guardião da criação. "Tudo está interligado. Por isso, exige-se uma preocupação pelo meio ambiente, unida ao amor sincero pelos seres humanos e a um compromisso constante com os problemas da sociedade" (LS, 91). Faz-se necessário abordar o tema da criação desde sua estreita relação com a pessoa de Jesus Cristo, porque "Ele é a imagem do Deus invisível, o primogênito de toda a criação, pois é nele que foram criadas todas as coisas, no céu e na terra, os seres visíveis e os invisíveis" (Cl 1, 15-16). Dentre as tarefas mais importantes da evangelização, a vinculação entre fé em Deus e natureza é uma das principais, no meu ponto de vista. Não adianta continuar com uma catequese que ensina dogmas e não ensina às novas gerações a cuidarem da casa na qual moram. Os rios, as florestas, as espécies, todos participam do Evangelho da criação. A cultura racional tem responsabilidade na ruptura entre antropologia e ecologia. Sempre digo: a primeira

---

1 CNBB. *Texto base da Campanha da Fraternidade 2023*. Brasília: Edições CNBB, 2022.

motivação para a luta pela ecologia integral vem da fé no Deus da criação. A partir disso, a indignação operante, diante do pecado estrutural, transforma-se em voz política.

Assunto fundamental de catequese é esclarecer que a crise ecológica tem uma raiz na má fé. Sua causa fundamental é a idolatria do dinheiro. O que provoca irresponsabilidade pelas faltas de padrões éticos que regulam o desenvolvimento. A nova cultura ecológica deve construir um paradigma diferente do atual modelo capitalista neoliberal; projetos baseados em avanços da biotecnologia, da informática e da biogenética, que não estejam a serviço de apenas uma minoria. A ecologia integral nos ensina que tudo está interligado na casa comum. De modo que "não há duas crises separadas: uma ambiental e outra social; mas uma única e complexa crise socioambiental" (LS, n. 139). É urgente a conversão ecológica que seja capaz de construir uma nova cultura, pautada na vida integral dos seres humanos e do meio ambiente.

O princípio do bem comum e da solidariedade se tornam horizonte de construção da nova civilização. Envolve uma conversão individual e coletiva. Com necessárias linhas de orientação e de ação para mudar a cultura pautada no consumismo. A partir de diálogos no plano da política internacional, nacional e local, promovendo uma economia que contribua para a defesa da dignidade da vida. Também as religiões têm importante contribuição e devem aprofundar seu debate com as ciências e as artes. O que se espera de nossas crenças? Que elas sejam capazes de levar as pessoas a fazerem experiências do mistério. No caso cristão, de um Deus que é amor superabundante, fonte de vida. As religiões têm fundamental papel na educação para a ética do cuidado.

No plano da espiritualidade ecológica, o Papa nos lembra a urgência de passarmos de uma cultura baseada no consumismo para um estilo de vida orientada pelo princípio do "bem viver".

Para tanto, a conversão ecológica deve envolver instâncias como educação e a família. Instituições responsáveis pela introdução da pessoa na convivência social. E, para o cristão, o modelo de fraternidade é o mistério da Trindade. "Na verdade, a pessoa humana cresce, amadurece e santifica-se tanto mais, quanto mais se relaciona, sai de si mesma para viver em comunhão com Deus, com os outros e com todas as criaturas. Assim assume na própria existência aquele dinamismo trinitário que Deus imprimiu nela desde a sua criação. Tudo está interligado, e isso convida-nos a maturar uma espiritualidade da solidariedade global que brota do mistério da Trindade" (LS, n. 240).

A pandemia se soma a um tecido econômico profundamente adoecido de concentração da riqueza para poucos e com um enorme potencial predatório. Sistema ecocida e suicida, com corpos frágeis e vulneráveis. A primeira consequência é a crise do aquecimento global. A redução dos níveis de emissão de gases de efeito estufa, a que os países se comprometeram em Paris em 2015, ano de publicação da Encíclica, jamais foi cumprida. Estamos muito próximos de uma "mudança climática desenfreada". Aliada a esta, vivemos uma dramática redução de biodiversidade em todo o planeta. Com os biomas cada vez mais deteriorados, aumentam os riscos de que doenças de origem animal, zoonoses, se transformem em pandemias como a que atravessamos agora, ou ainda mais graves. A terceira crise é o adoecimento coletivo dos organismos, intoxicados pelos agrotóxicos e venenos do agronegócio; uma dieta crescentemente carnívora, com aumento extensivo da criação de gado e da produção de ração animal, é a causa mais forte do desmatamento no País. A Amazônia está chegando muito rapidamente ao ponto de não retorno, além do qual será impossível impedir sua savanização!

Se "tudo está interligado", então tudo está ameaçado pela mesma dinâmica de produção-acúmulo-desperdício. A saída da "complexa crise socioambiental" em que estamos imersos não será simples nem, necessariamente, positiva. Temos a obrigação moral, ética e espiritual de disputar o futuro sem permitir que a lógica extrativista, presente no coração de todo esse sistema, que se tornou "normal" até aqui, funcione com toda a sua voracidade. Não é desse normal que carecemos. Mas de uma outra fé na vida. Em vários âmbitos, é a morte que tem se tornado normal. Os fatos demonstram que, até agora, essa lógica extrativista se impôs sobre o bem-estar das comunidades.

Mesmo tendo acontecido, em 2015, o crime ambiental de Mariana, com a morte de 19 pessoas e a contaminação da bacia do Rio Doce, o modelo minerário não foi colocado em discussão, nem corrigido. Seguiu, com maior violência criminal, o desabamento da barragem da Mina do Feijão, em Brumadinho, matando 272 pessoas e prejudicando o ecossistema da bacia do Rio Paraopeba. Os Governos estaduais e nacional continuam com a perspectiva de retomada do vigor econômico, flexibilizando ainda mais as leis ambientais e liberando a mineração nas terras indígenas! As eleições presidenciais de 2022 e o início do novo Governo Nacional trouxeram muitas esperanças para o povo e nosso meio ambiente. Pela primeira vez em nossa história temos uma indígena assumindo o ministério dos povos originários. Esse fato é um marco cheio de esperança.

Seja em relação ao minério, ao petróleo, à água ou às florestas, é urgente passarmos a uma forma de vida pós-extrativista, com a contribuição da profecia de uma Igreja que ouse retirar seus investimentos financeiros de todo tipo de extrativismo predatório! Precisamos respeitar as dinâmicas metabólicas do planeta, o ritmo e os ciclos das águas, das estações, da vida. Necessitamos de uma "revolução cultural" que exige conversão profunda. Como pessoas e como Igreja, precisamos dar passos decisivos. Recebi de um artista, cálice, patena e âmbula que não são de metais. Ele escreveu-me assim:

"Tonny Cálices. Artista da caminhada. Tenho feito alguns trabalhos em madeira, MSF, pedra, osso, LPs, CDs, tendo como proposta ressignificar esses materiais. Há mais de 22 anos produzo objetos litúrgicos com arte inspirado nos grafismos indígenas e africanos. Aprendi a pintar esse material com o Pe. Cerezo Barredo, com quem convivi e fizemos uns trabalhos no Santuário dos Mártires da Caminhada em Ribeirão Cascalheira, MT, na Prelazia de São Félix do Araguaia. A convite da rede Iglesias y Minería pintei o conjunto de cálice e prato em Pau Brasil com a Cruz e o mapa da América Latina martirizada pela exploração e saqueamento de seus minérios por parte das Companhias de Mineração."

Nesses tempos de pandemia do Covid 19, a humanidade foi obrigada a reduzir ou até cancelar grande parte de suas atividades econômicas e sociais: fábricas, comércio, transportes (inclusive aviões), lazer, enfim, todo tipo de aglomeração ou evento que proporcione transmissão do vírus. O que se viu por todo o planeta foi surpreendente: o ar ficou mais limpo em várias partes do mundo; águas de rios, mais claras; animais selvagens adentraram, livremente, pelas ruas das cidades. Essa parada da humanidade não veio por uma opção consciente, mas pela imposição mortal de um vírus de se adotar o isolamento social. Essa "nova normalidade" deveria ser o cotidiano permanente da humanidade. Ela indica que a velocidade humana ultrapassa a velocidade da natureza e a Terra pede uma quarentena, um sossego, um momento de paz para poder refazer suas forças. "Essa economia mata", insiste Papa Francisco (EG, 53).

"Economia com alma", a que muda radicalmente a relação da humanidade com a Mãe-Terra, numa conversão ecológica que nos implique pessoal, familiar, comunitária e espiritualmente.

Economia de Francisco e de Clara, para compreender o que é circular nos processos produtivos e de consumo. "Baseada no feminino, no cíclico, na acolhida, no cuidado e no afeto, pressupõe uma transição radical nos modos e nas formas de produção linear, masculinizada, que impôs uma visão de progresso baseada na extração." Assim afirma a Articulação Brasileira da Economia de Francisco: podemos optar pela "sobriedade feliz", que nos libere do culto à materialidade e da obsessão do consumo, vivendo com abundância de qualidade de vida, começando por nosso bairro, pela cidade onde moramos, pelo país que pertencemos, até chegar a uma consciência global.

Biologicamente, somos interligados com os seres vivos e não-vivos da Terra. No contexto extremamente frágil e desafiador para tantos grupos de pessoas e espécies, não podemos permitir que a política se submeta à economia. Trata-se de redefinir o progresso, com estratégias de mudança de longo prazo, investimentos públicos nos bens comuns da saúde, da educação, da preservação dos biomas, das energias limpas. Precisamos fortalecer a iniciativa e o protagonismo das comunidades, porque "a instância local pode fazer a diferença" (LS 179), como há tempo acontece nas lutas concretas da economia solidária e da agroecologia, na defesa dos territórios indígenas e comunidades tradicionais, na recuperação de rios e nascentes, na captação da água de chuva para beber e produzir, na preservação dos biomas e sua biodiversidade, na garantia de saneamento básico nas cidades.

Desde 25 de janeiro de 2019, aventurei-me na defesa desses pontos em âmbito local, nacional e internacional. A principal fonte de sustentabilidade da nova narrativa se dá nas redes. Sem coletividade, não avançamos, ainda que alguma liderança se desponte mais. O projeto de mundo novo tem que ser construído de forma popular. As reparações que a Vale implementa não são com participação dos atingidos. Ela divide os territórios em suas milhares de reuniões. Está infiltrada em tudo. A única forma que temos de trabalhar é conscientizar os atingidos. O maior aprendizado, o da resistência, acontece no diálogo com os movimentos sociais e no combate dos latifúndios variados. Testemunho que sem eles, os sonhadores de outro mundo, não avançamos, por melhores que sejam nossas ideias. Lamento que certos setores, que se dizem da Igreja, continuem preconceituosos. Preferem parcerias com o capital. São saídas mais fáceis, que custarão bem mais caro.

Os raios de nossa manhã crepuscular surgem de algum movimento popular. A Igreja tem muito o que ensinar no diálogo horizontal. Há experiências importantes nas comunidades eclesiais de base. Mas há o que aprender também. Houve um acordo entre o Estado de Minas Gerais e a Vale. Os atingidos não ficaram contentes com a participação precária que tiveram. Somente por meio dos movimentos sociais conseguimos fazer a resistência. Audiências com Ministério Público, com outras Instituições de Justiça, sem construção coletiva vira disputa de ego. Uma das maiores contribuições que essa pauta da ecologia integral me trouxe foi aprender a sentar em círculo e conversar. Na junção dos diferentes as coisas nascem. É um sentimento bom esse, saber que um evento, uma pauta foi construída em conjunto. Geralmente temos a mentalidade burguesa. A solução é o que vem de nós. Esse é um grande erro. O Espírito de Deus age é na coletividade. O resto é vaidade.

Em parceria com a Caritas de Minas Gerais, nossa região episcopal coordenou 29 projetos do fundo Juntos por Brumadinho. Doações recebidas de todo o país, por ocasião do rompimento da barragem. Lançamos edital e selecionamos as propostas num modelo participativo. Não se trata apenas de doação. Mas de mobilização, envolvendo pessoas e comunidades. Caminho mais curto seria pegar o dinheiro e doar. Exigiria menos. No entanto, o aprendizado não viria. Também os frutos não seriam mais duradouros. Pequenas sementes que nasceram em experiências de reforçar a pulsão de vida, as vinculações afetivas, a ligação com a comunidade. Isso a Vale não faz. Ela só sabe dar dinheiro. Porque seu discurso é colonial. Ela tem; as comunidades, não. Ecologia Integral não é apenas uma teoria que nos ajuda a entender o intercâmbio de todas as coisas criadas, a partir dessa verdade natural, de que tudo está interligado. A conversão ecológica nos remete a um jeito de viver. A consciência da biodiversidade tem como consequência a defesa da democracia.

CASA COMUM

Deus fez a criação
A beleza de uma flor
Deu a inspiração
Ao poeta e cantador

O sol que clareia
A terra e o mar
O amor que passeia
Quando é lua cheia
No brilho do olhar

A água que rega
Semente no chão
O dom, a entrega
De quem não se nega
Viver como irmão

Somos todos um
Conectados
Interligados
Na Casa Comum

A noite que traz
O descanso do dia
No silêncio a paz
Vida que se refaz
Fonte de alegria

O que vive e respira
Nesse reino sagrado
Roda viva que gira
Mundo se revira
Querendo cuidado

Todos irmãos: amizade e fraternidade universal

Contra mineração em terras indígenas e avanço do garimpo
Esse desgoverno tem que cair
Ele mata a gente e o meio ambiente
Nas ruas, a voz do povo
E no Brasil? Governo novo
Não apoiamos a morte
Senhor, mude nossa sorte
Ato pela Terra, em Brasília
Que vença o amor, não a guerrilha.

Ao publicar sua Encíclica, *Fratelli Tutti*, Papa Francisco comenta: "entrego esta encíclica social" (FT, n. 6). O texto nasce em plena pandemia e em diálogo com o líder mulçumano Imã Ahmad Al-Tayyeb. Nele encontramos balizas para a cultura universal da amizade e da fraternidade. Destaco, então, as linhas gerais do documento, considerando que, se a *Evangelii Gaudium* nos convida a uma conversão eclesial e a *Laudato Sì* a uma conversão ecológica, *Fratelli Tutti* lança perspectivas para uma conversão cultural.

As primeiras páginas do documento apresentam as sombras de um mundo fechado, marcado por sonhos desfeitos em pedaços, no qual "reacendem-se conflitos anacrônicos que se consideravam superados, ressurgem nacionalismos fechados, exacerbados, ressentidos e agressivos" (FT, n. 11). Globaliza-se o domínio dos mais fortes com discursos neocolonialistas. Protetores das grandes organizações financeiras e perseguidores das identidades regionais mais frágeis. Dessa forma, a política se enfraquece diante de poderes financeiros transnacionais. A perda da consciência histórica, com negações de eventos dolorosos como as guerras e ditaduras, obstrui a capacidade de construir a história a partir de aprendizados adquiridos. Soma-se a isso a falta de projetos coletivos, o que resulta numa cultura do descarte mundial, tanto humano quanto ambiental. Os direitos humanos, não suficientemente universais, agravam questões como a desigualdade social, o direito das mulheres e a escravidão.

Nosso melhor destino é construir outra globalização. As conquistas científicas e tecnológicas trouxeram muitos ganhos para a sociedade. No entanto, temos que nos envergonhar porque, enquanto poucos acumulam riquezas, milhões de crianças morrem de fome. Os avanços de nossa sociedade global não significam maior inclusão social. O que faz Francisco exclamar: "como seria bom se, enquanto descobrimos novos planetas longínquos, também descobríssemos as necessidades do irmão e da irmã que orbitam ao nosso redor!" (FT, n. 31). A Pandemia do coronavírus desmascarou ainda mais as seguranças falsas de nossa cultura. E estampou entre nós que não nos salvamos sozinhos. "A tribulação, a incerteza, o medo e a consciência dos próprios limites que a pandemia despertou, fazem ressoar o apelo a repensar os nossos estilos de vida, as nossas relações, a organização das nossas sociedades e sobretudo o sentido da nossa existência" (FT, n. 33). Continuar tratando os migrantes como pessoas menos importantes é contradição escandalosa.

Outro perigo muito comum é a fragilidade da comunicação virtual. Ela, muitas vezes, dispensa gestos, expressões, silêncios, linguagem corpórea, fundamentais no encontro entre pessoas. Isso pode até ter aparência de solidez, mas não consegue construir um "nós". A conexão digital não é suficiente para unir a humanidade. É dramático notar, por exemplo, que "aquilo que ainda há pouco tempo uma pessoa não podia dizer sem correr o risco de perder o respeito de todos, hoje pode ser pronunciado com toda a grosseria, até por algumas autoridades políticas, e ficar impune." (FT, n. 45). Infelizmente, o Brasil tem sido exemplo dessa perversa realidade.

Não atravessamos uma época de pequenas mudanças. O próprio conceito de época é que está mudando, em meio a uma crise poliédrica. Para enfrentar esses desafios, Papa Francisco nos apresenta a parábola do bom samaritano (Lc 10, 25-37), que faz abrir o diálogo diante do real, num tempo imprevisto. Na perspectiva do Antigo Testamento "quando vindimares a tua vinha, não rebusques o que ficou; deixa-o para o estrangeiro, o órfão e a viúva. Lembra-te que foste escravo na terra do Egito» (*Dt* 24, 21-22)." (FT, n. 61). Por sua vez, o Novo Testamento sintetiza os mandamentos: «Aquele que não ama o seu irmão, a quem vê, não pode amar a Deus, a quem não vê» (*1 Jo* 4, 20).

O sofrimento do outro deve alterar as rotas de nossa viagem. Em tempos de pandemia, as máscaras vão caindo e, logo, percebemos quem são aqueles que cuidam e aqueles que passam adiante. Na parábola, os salteadores são a realidade imposta, a própria tragédia, diante da qual não adianta apenas atitudes de lamentação. A violência fez o seu estrago. Sacerdote e levita são indiferentes. Não compreenderam o que São João Crisóstomo tão bem disse: "Queres honrar o Corpo de Cristo? Não permitas que seja desprezado nos seus membros, isto é, nos pobres que não têm que vestir, nem O honres aqui no templo com vestes de seda, enquanto lá fora O abandonas ao frio e à nudez".

Na sociedade de Jesus, próximo era o vizinho, pertencente ao mesmo grupo. Na parábola, essa visão é rompida. Os samaritanos, considerados pelos judeus como impuros, perigosos por habitarem uma região contagiada por rituais pagãos, dão exemplo de solidariedade. Diante das provocações da parábola, Papa Francisco lamenta: "às vezes deixa-me triste o fato de, apesar de estar dotada de tais motivações, a Igreja ter demorado tanto tempo a condenar energicamente a escravatura e várias formas de violência" (FT, n. 86). É um contratestemunho que, depois de tantas atrocidades, ainda haja pessoas cristãs se autorizando, em nome da fé, a defenderem nacionalismos fechados, atitudes xenófobas. Nos últimos anos, quantos danos causados nesse Brasil por discursos armamentistas. Até se concretizarem em práticas terroristas.

A vivência autêntica da fé cristã é geradora de um mundo novo. "O amor ao outro por ser quem é, impele-nos a procurar o melhor para a sua vida. Só cultivando essa forma de nos relacionarmos é que tornaremos possível aquela amizade social que não exclui ninguém e a fraternidade aberta a todos" (FT, n. 94). É preciso abrir-se aos que estão nas periferias geográficas e existenciais e corrigir as noções equivocadas de um amor universal que a globalização atual tenta impor. Pretender uniformizar o todo não dá conta das diferenças e acaba por construir uma fantasiosa igualdade. O outro não é uma ideia abstrata, mas alguém que nos interpela a sair de uma pauta mínima das esmolas, para buscarmos programas que possibilitem que a vida desabroche integralmente, em abundância. Nesse ponto, Papa Francisco propõe algo fundamental, a função social da propriedade, lembrando que o direito universal dos bens da terra vem antes do direito à propriedade privada. "O princípio da subordinação da propriedade privada ao destino universal dos bens e, consequentemente, o direito universal ao seu uso é uma 'regra de ouro' do comportamento social e o 'primeiro princípio de toda a ordem ético-social'" (LS, n. 93). Ou seja, sem a terra, o teto e o trabalho para todos não haverá cultura da fraternidade e da amizade.

A fraternidade universal não é uma abstração. É um caminho a ser percorrido com atitudes concretas de um coração aberto ao mundo inteiro. As questões dos migrantes mostram a capacidade de uma real inclusão ou não. Acolher, proteger, promover e integrar são verbos fundamentais. Bem acolhidos, são bênçãos, dom para a cultura local. "Se nos preocupa o desaparecimento dalgumas espécies, deveria afligir-nos o pensamento de que em qualquer lugar possam existir pessoas e povos que não desenvolvem o seu potencial e a sua beleza por causa da pobreza ou doutros limites estruturais." (FT, n. 137). Por ser a cultura o conjunto que sustenta a vida das pessoas, olhá-la em sua amplitude não significa descartar as tradições locais. É necessário promover o intercâmbio entre local e universal. Se não pode existir uma globalização que elimina a diferença, também não pode existir a diferença que, por ser fechada, elimina os valores universais.

A melhor política é se empenhar em vencer a erva daninha do populismo. Quando alguém usa o poder para manipular projetos em favor de grupos fechados e egoístas, perde-se o sentido de povo aberto, em construção. Assim, as estratégias do liberalismo vigente trocam a vida das pessoas pelo mercado. No século XXI, temos uma perda dos Estados Nacionais para estruturas econômico-financeiras transnacionais que dominam a própria política. Sabendo que "a sociedade mundial tem graves carências estruturais que não se resolvem com remendos ou soluções rápidas meramente ocasionais" (FT, n. 179), é urgente o empenho em desenvolver parâmetros de boa política.

Sendo a síntese da fé cristã, a caridade não se restringe a um saudável cultivo de boas amizades ou a gestos concretos de ajuda aos mais próximos. É movimento maior. Destina-se a transformar a realidade a partir de compromissos estruturais de defesa da vida de todos e do meio ambiente. O ápice da caridade é a construção de uma sociedade justa e fraterna. É péssima política transformar os pobres em massa domesticada e inofensiva. Infelizmente, essa tem sido a práxis de muita forma de caridade. O combate à fome e ao tráfico de pessoas é urgência que não pode mais ser procrastinada e isso não se faz apenas com boa vontade, mas com esforço político qualificado.

A boa política tem como escopo o diálogo e a amizade social. O diálogo paciente, silencioso, ajuda o mundo a viver melhor. As guerras fazem barulho com suas destruições; o diálogo constrói a paz. O diálogo é a ponte de uma nova cultura. O diálogo busca, em comum, a verdade fundamental para todos. "Aceitar que há alguns valores permanentes, embora nem sempre seja fácil reconhecê-los, confere solidez e estabilidade a uma ética social" (FT, n. 147). O consenso deve buscar a verdade em suas feições mais radicais. "Que todo o ser humano possui uma dignidade inalienável é uma verdade que corresponde à natureza humana, independentemente de qualquer transformação cultural" (FT, n. 213).

Importante destacar, para nós brasileiros, que o Papa Francisco, ao apresentar a urgência de uma nova cultura da amizade, inicie com um verso do Samba da Bênção, de Vinícius de Moraes: "A vida é a arte do encontro, embora haja tanto desencontro na vida". E acrescenta: "o poliedro representa uma sociedade onde as diferenças convivem integrando-se, enriquecendo-se e iluminando-se reciprocamente, embora isso envolva discussões e desconfianças" (FT, n. 215). A cultura de um povo é o seu modo de viver. Por isso, "um pacto social realista e inclusivo deve ser também um pacto cultural que respeite e assuma as diversas visões do mundo, as culturas e os estilos de vida que coexistem na sociedade" (FT, n. 219). Amabilidade é ingrediente indispensável para tal pacto, que deve ser construído no cotidiano da existência de cada um.

Somos chamados a gerar a cultura do encontro. A busca pela paz não significa apenas combater as guerras. É fundamental a promoção da justiça social, cuidando sobretudo dos mais pobres e vulneráveis. Sendo o perdão tema fundamental do cristianismo, é necessário entendê-lo bem para evitar leituras fatalistas. "Somos chamados a amar a todos, sem exceção, mas amar a um opressor não significa consentir que continue a ser tal; nem levá-lo a pensar que é aceitável o que faz. Pelo contrário, amá-lo corretamente é procurar, de várias maneiras, que deixe de oprimir, tirar-lhe o poder que não sabe usar e que o desfigura como ser humano" (FT, n. 241).

Além disso, ninguém pode pretender "encerrar por decreto as feridas ou cobrir as injustiças com um manto de esquecimento" (FT, n. 246). Nunca devemos perder a memória histórica dos fatos que nos envergonham como seres humanos. Manter a memória das vítimas, inclusive das que sobrevivem pela prática do bem e do perdão, é encontrar a face de transbordamento do perdão, que vai além dos horrores sofridos. "O perdão é precisamente o que permite buscar a justiça sem cair no círculo vicioso da vingança nem na injustiça do esquecimento" (FT, n. 252). Um exemplo concreto a ser reforçado é o empenho das Nações Unidas no combate às guerras, que se tornam, com armas nucleares potentes, de riscos incontroláveis. Nesse aspecto, Papa Francisco é assertivo: "todos os cristãos e homens de boa vontade estão chamados hoje a lutar não só pela abolição da pena de morte, legal ou ilegal, em todas as suas formas, mas também para melhorar as condições carcerárias, no respeito pela dignidade humana das pessoas privadas da liberdade" (FT, n. 268).

Por fim, as religiões devem estar a serviço da fraternidade no mundo. O diálogo entre as religiões a partir de um fundo transcendente, que nos leva a todos a aprofundar a dignidade da vida em sua integralidade, é fundamental. A liberdade religiosa para os crentes de todas as religiões é alicerce indispensável sem o qual não haverá paz no mundo. Em tantos casos, o próprio nome de Deus é usado para justificar a violência, mas isso não encontra "fundamento algum nas convicções religiosas fundamentais, mas nas suas deformações" (FT, n. 282).

MUTIRÃO

Somos todos irmãos
Ninguém solta a mão de ninguém
Unidos num só coração
Assim seja, amém! Amém! Amém! Amém...

O amor é dom sagrado
Mistério que nos irmana
Caminhamos lado a lado
Acesos na mesma chama

Estrela que mais reluz
No céu faz constelação
Palavra que nos conduz
É dita em mutirão

Deus é Pai de todos nós
A Terra é casa comum
Buscamos justiça e paz
Porque todos somos um

Nos passos de romaria
Firmamos nossa aliança
Bem viver é sintropia
De fé, amor e esperança

Ecoteologia da libertação integral: tudo está interligado

Final de nossa caravana pela Europa
Pena que a riqueza natural da América Latina signifique pobreza
Para nossa terra e nossos povos
Sempre foi assim
Somos vítimas de uma pilhagem história
Mas a resistência cresce, em rede
Eis a nossa sede
Soberania, ainda chegará seu dia.

O Coletivo dos atingidos e atingidas pelo crime da Vale em Brumadinho nasceu logo após o rompimento da barragem, que matou 272 pessoas. A união se fez para além das confissões religiosas. Ela se deu numa espécie de fundo comum da resistência. Expôs uma problemática mais aguda, a experiência decolonial. Sustentar a esperança nas fronteiras do abandono, sem o apelo aos paradigmas velhos, é trabalho árduo. A potência das vítimas revela subjetividades emergentes, desconhecidas pelas narrativas oficiais. São os novos movimentos sociais que nascem e, em perspectiva teológica, a antecipação escatológica do reinado de Deus. Em suas partilhas, é comum escutar: o que nos restou foi a fé. A vulnerabilidade corpórea imposta por um sistema que mata é nosso lugar teológico, o terreno mais fértil da contemporaneidade. Por ele, somos convocados a plasmar o novo a partir do que é considerado lixo.

Esses coletivos ajudam a quebrar a cadeia de ódio, sem perder a indignação. Apostam na justiça, sem se esquecerem do perdão. Por meio de novas práticas, quebram a cadeia da injustiça "em seus próprios corpos" (cf. Ef 2,14). Sua resistência desmascara o pensamento sacrificial representado pelo capitalismo colonial e patriarcal. Por isso mesmo, seus mortos são ancestrais. Para cada nome dito no dia das celebrações, todo 25, responde-se: presente! São 272 nomes. E a herança cristã, o que pode oferecer de melhor? O projeto continuado de seu amor oblativo, invertendo a tentação de viver a caridade como oferta de quem tem a quem não tem. Todos temos! Em sentidos diferentes. Somente o ódio e as estruturas que o mantém é que não tem o amor. Talvez a teologia decolonial ainda não levou a sério que ninguém pode ter a pretensão de dar ao outro aquilo que já não pertença a ele. Tento confiar, todos os dias, em Deus, que age através de todos nós e de todos os mistérios da criação, mantendo o encantamento como atitude básica no meio dos dramas.

Sim, há flores no horizonte de nossa teologia latino-americana. Seu jardim, solo sagrado, provém da tradição da libertação da teologia. Pensar uma nova narrativa é dizer de cenários da ecoteologia. Considero a palavra narrativa como prioritária, diante de tudo que apresentei ao longo dessa obra. Não se faz mudança antropológica se a palavra não estiver bem ligada ao corpo. As expressões mais profundas de nossa alma ocidental, branca, colonial, heterossexual e cristã não foram justas para nossa América Latina e Brasil. A começar pelo vocabulário que nos deu. Em nome de uma cultura, de uma religião, de uma orientação sexual, muitas feridas foram abertas pelas palavras, nos corpos negros, femininos etc. A história contada nesses mais de 500 anos é a história dos vencedores. O colonialismo domina a narrativa, porque ela justifica o domínio dos corpos. E o cristianismo também é convocado a rever sua posição não mais de cristandade. É escandaloso continuar com um estilo de catequese que discrimina outros saberes e crenças. Narrar o mais próprio da fé cristã é propiciar o encontro com o mistério da fraternidade universal cristã e investir no cuidado com toda a obra criada por Deus. Nisso está o essencial do novo que se almeja. O verbo se fez natureza, ao habitar um corpo, e abriu-nos o horizonte de uma comunhão cósmica.

A Terra reclama, com muitos sintomas de um enorme desencaminhamento, provocado por uma narrativa que feriu de morte o seu corpo. "Certo, você não se vinga, mas responde. Não suporta mais as feridas que infligimos a você, que a sociedade industrial e o capitalismo global infligem a você. Teus acessos de fúria e tuas intemperanças expressam teu sofrimento".[1] Não há mais catástrofes naturais, o que acompanhamos, assustadoramente, é uma tragédia civilizatória que tem bifurcações em todas as direções. Esquecemos a alteridade da terra. E continuamos obcecados pela narrativa dominante do antropoceno. Como se os humanos fossem uma força geológica divina, sem interdependência.

A Terra abriga marcas geológicas de quatro bilhões e meio de anos. Desde o avanço do *homo sapiens*, são cerca de duzentos mil anos. Essa avidez capitalista pelo domínio da matéria é destrutiva. As comunidades afetadas por destruições conhecem bem da necessidade de outro modo de vida: o bem viver dos povos e da terra. Esse é o novo paradigma essencial e urgente. Para alcançá-lo, é necessário alto investimento da educação eco-humanista. Elas, as comunidades atingidas, são as novas escolas que nos trazem uma mística nova para as profecias desse novo tempo. Há um pequeno resto que já vive no limiar do que proponho. É de lá que aprendo novas perspectivas também para a fé. Se a teologia reflete o evento da autorrevelação divina, dada em Cristo, então tudo que

---

1 AZAM, Geneviève. *Op. cit.*, p. 55.

podemos alargar nas perspectivas da ecoteologia não terá êxito se o ponto de partida não for esse mistério inesgotável que continua se manifestando nas feridas de hoje. Quanto mais próxima das chagas de Jesus, tanto mais a reflexão cristã será libertadora. A fé, mesmo tendo seu depósito, sua tradição, não pode se acostumar com algo dado definitivo. Ela é dom permanente e dinâmico. Exige perseverança no que ainda não se vê. E no esperar, já altera a rota de nossas decisões (Cfr. Hb 11, 1).

Por isso "o olhar do teólogo pode ver a fonte, mas só pode intuir o veio subterrâneo que alimenta a fonte. Ao máximo, pode ver o olho d´água ou o ponto de emissão por onde o veio vem à nascente: a experiência do encontro com o Mistério".[2] O nosso caminho para Deus não se faz sem o caminho de Deus mesmo até nós, que culmina na encarnação de Cristo. Essa é a chave para qualquer aprofundamento teológico. Devemos tratar não só o que Deus revelou, mas o como Ele se deu a nós. Sabemos que Ele se deu no processo da kênosis de Jesus, que inaugurou o Reino de Deus, para o qual os pobres são protagonistas. De fato, a Bíblia nos garante que os pequenos são os confidentes mais íntimos dos segredos de Deus, ou seja, dos mistérios do Reino (Cf. Mt 11, 26; 1 Cor 1, 26-29). "Não há entre vocês nem muitos poderosos, nem muitos da alta sociedade. Deus, no entanto, escolheu o que é loucura no mundo para desacreditar os sábios. E Deus escolheu o que é fraqueza no mundo para desacreditar os fortes. E Deus escolheu o que é insignificante e sem valor no mundo, coisas que nada são, para reduzir a nada as coisas que são. E isso para que nenhuma criatura se glorie diante de Deus" (1 Cor 1, 26-29).

---

2 BOFF, Clodovis. "Retorno à arché da teologia". *In*: SUSIN, Luis Carlos (org.). *Sarça ardente. Teologia na América Latina: prospectivas*. São Paulo: Paulinas, 2000, p. 153.

Se há uma palavra dada, manifesta; também há o espaço aberto de silêncio. De um "por dizer" inaudível. Crepúsculo é a proposta de um retorno ao silêncio. A engenharia do progresso capitalista se deu no barulho do domínio. Ao nos voltar para o tempo do silêncio, os ciclos serão mais respeitados. Da terra e da gente. "De fato, é só quando se vê a imensa e maciça dor dos pobres contrastando escandalosamente com o sonho do Pai de ver todos os seus filhos fraternalmente unidos, que se levanta do coração do teólogo essa sublevação elementar que é a indignação ética e a consequente denúncia profética."[3] Não creio em um crer por demais assertivo, de uma visão plena. No meu ponto de vista, crer assim sempre será presa fácil de quem está no pódio. Nada mais estranho do que pensar uma fé cristã baseada em *coach*. A fé que liberta exige um pouco mais de nós. Exige o enfrentamento dos escombros.

Também creio muito numa teologia genuflexa, reverente diante do mistério que contemple as feridas de Cristo no mundo. E corra para tocá-las, compassivamente. Como função, hoje, a Teologia da Libertação deve cumprir sua tarefa de uma minoria profética. E despertar seus vários enfoques. Sócio-libertador, de gênero, étnico-cultural, ecumênico, ecológico. Não são enfoques excludentes, mas transversais e complementares. "Epistemologicamente falando, diria mesmo: a Teologia da Libertação acabou. Acabou no sentido de que realizou, em boa parte, sua missão: a de fazer com que a Teologia como tal se aproprie de suas grandes intuições, de tal modo que todo discurso teológico hoje, para ser o que é, precisa incorporar, de um modo ou de outro, a dimensão sócio-libertadora da fé."[4] Acrescento também a dimensão eco-transformadora da fé.

---

3 *Ibidem*, p. 165.

4 *Ibidem*, p. 181.

Muita gente quando quer me criticar costuma usar: "é da teologia da libertação". Da Primeira Romaria pela Ecologia Integral a Brumadinho, não me sai da lembrança o espanto ao ver, no centro da cidade, a seguinte frase: "Dom Vicente, nós católicos de Brumadinho repudiamos a instrumentalização da Igreja em favor de grupos ideológicos e somos contra as recentes decisões da arquidiocese que visam aparelhar a Paróquia em função desses grupos. Nós só queremos rezar". Levo nas retinas esses dizeres. Eles foram vistos por quase cinco mil pessoas que passaram pela romaria. Por mais que isso seja dito por grupos católicos, há outros interesses por trás. Seria muito fácil para o bispo continuar, depois do crime da Vale, celebrando crismas, festas de padroeiros e não enfrentar uma ferida tão aguda. Não sofreria tais críticas. No entanto, estaria negando o evangelho ao povo. Lamento que muitas estruturas eclesiais continuem fechando os olhos às situações tão dramáticas para os pobres e para a Terra. Louvo as redes que se fortalecem na linha profética de Francisco.

Há uma grande desinformação sobre o que isso significa. Creio que o magistério da Igreja teve certa responsabilidade nesse tipo de preconceito. Fomos, insistentemente, atacados por grupos de espiritualidades desencarnadas, com produtos religiosos vindos do norte global. Sim, a libertação é um grito autêntico do ser humano. Em nome do evangelho, temos que lutar pela defesa e promoção dos direitos do homem, especialmente na pessoa dos pobres e da natureza. É o grito contra a degradação do ser humano como imagem e semelhança de Deus. Dicotomia entre pobres e ricos; colonialismo econômico; armamentismo. No entanto, a questão do pecado foi capturada por uma visão muito intimista imposta pelos movimentos de tendência mais carismáticas. Não ajudaram a compreender que a idolatria tem como consequência a injustiça socioambiental. Retornou-se a um aspecto de "salvar almas", que muito tem enfraquecido as inspirações do Concílio Vaticano II.

Resgato o que o próprio magistério manifestou sobre a teologia da libertação. "A aspiração pela *libertação,* como o próprio termo indica, refere-se a um tema fundamental do Antigo e do Novo Testamento. Por isso, tomada em si mesma, a expressão "teologia da libertação" é perfeitamente válida: designa, nesse caso, uma reflexão teológica centrada no tema bíblico da libertação e da liberdade e na urgência de suas incidências práticas".[5] Os constantes ataques que a teologia da libertação recebe são provenientes de um modo alienado de entender a fé que gera esquizofrenia entre religião e libertação. Visão que contradiz o que afirma a Palavra de Deus. "No Antigo Testamento, os profetas, desde Amós, não cessam de recordar, com particular vigor, as exigências da justiça e da solidariedade e de formular um juízo extremamente severo sobre os ricos que oprimem o pobre. Tomam a defesa da viúva e do órfão. Proferem ameaças contra os poderosos: a acumulação de iniquidades acarretará necessariamente terríveis castigos. Isso porque não se concebe fidelidade à Aliança sem a prática da justiça. A justiça em relação a Deus e a justiça em relação aos homens são inseparáveis. Deus é o defensor e o libertador do pobre."[6]

São João Paulo II afirmou que "neste ponto é indispensável ter presente a importante reflexão da *Instrução Libertatis Conscientia* sobre as duas dimensões constitutivas da libertação na sua concepção cristã: quer no nível da reflexão quer na sua práxis, a libertação é, antes de tudo, soteriológica (um aspecto da Salvação realizada por Jesus Cristo, Filho de Deus) e depois ético-social

---

5 *Instrução da Congregação para Doutrina da Fé.* Libertatis Nuntius. Roma, 1984, p. 3.

6 *Ibidem*, p. 4.

(ou ético-política). Reduzir uma dimensão à outra – suprimindo praticamente a ambas – ou antepor a segunda à primeira é subverter e desnaturar a verdadeira libertação cristã".[7] Ainda que esse raciocínio não tenha sido tão exigido de movimentos cristãos despreocupados com a injustiça social, é essencial guardarmos em nosso pensar e fazer teológico a estreita vinculação entre fé e vivência. Juntamente com o resgate da teologia da libertação, em suas diversas frentes, a proteção e o cuidado para com as comunidades eclesiais de base são fundamentais para o futuro da fé cristã em nosso continente. O cristianismo tem que vencer o perigo de continuar sendo cristandade e religião de massa. Sua vocação é ser fermento na massa. Por uma fé cristã crítica das realidades pecaminosas socioambientais e pela sua vivência em pequenas comunidades, essas duas dimensões, vejo-as como fundamentais para a superação do ranço de cristandade que insiste em prevalecer em nosso continente.

Proponho a retomada dos eixos que a Teologia da Libertação inspirou. Agora, partindo da perspectiva da criação. Uma ecoteologia da libertação integral, que ajudará a superar uma visão ainda fragmentada da própria TL. A partir dela, o cristianismo continuará sendo um grande dom para a sociedade global. Resgatando o princípio da criação como dom de Deus e oferecendo à humanidade oportunidades de encontros com o mistério da criação enquanto lugar de encantamento, poesia, arte etc. e não somente de manipulação da matéria em favor do antropocentrismo. A natureza é um universo de bênçãos, com seus espetaculares ciclos que não podem sofrer interferências de qualquer maneira. O princípio místico da nova ecoteologia da libertação integral seria auxiliar a

---

7 *CARTA DO PAPA JOÃO PAULO II AOS BISPOS DA CONFERÊNCIA EPISCOPAL DOS BISPOS DO BRASIL*, 1986.

humanidade a compreender como nossa cultura tem se corrompido por um pecado estrutural que se resume à idolatria do dinheiro, das riquezas, acima da vida. Para tal guinada, o olhar seria para a matéria como morada do criador. Ele que, em Jesus, também se tornou natureza. O que ajudaria a problematizar ainda uma visão muito abstrata da própria escatologia cristã.

A Comissão de Ecologia Integral e Mineração da CNBB, da qual sou membro, desempenha um papel importante na articulação entre os princípios doutrinários cristãos e suas decorrências práticas. Recentemente, enviamos a todos os bispos do Brasil algumas motivações com um pedido. Consideramos o que exorta os líderes da Igreja nas Filipinas. Convidam suas Igrejas locais a "examinar todos os bancos e instituições a quem confiamos recursos financeiros e avaliar as implicações sociais e ambientais de suas atividades de financiamento". Afirmam, ainda, como compromisso dos líderes da Igreja, uma "política de não aceitação" de quaisquer doações de indústrias destrutivas. E inspirados nessa Carta Pastoral, em sintonia com o Pacto pela Vida e pelo Brasil da CNBB, nossa Comissão Especial compartilhou com os bispos do Brasil um texto conclamando que assumamos posições claras e firmes em relação a essas importantes temáticas que atingem nosso povo e o meio ambiente.

A partir desse exemplo motivador, consideramos alguns pontos de nossa realidade. Os dois rompimentos de barragens de rejeitos ocorridos no estado de Minas Gerais – Brumadinho e Mariana – evidenciaram a perversidade do modelo mineral brasileiro e, consequentemente, alertaram a sociedade para os riscos que as atuais 906 barragens estão expondo a população; as mineradoras recebem isenções fiscais e tributárias através da Lei Kandir, isenções estaduais específicas e, ainda assim, cometem crimes de evasão, sonegação e elisão de divisas, contribuindo para o aprofundamento das desigualdades raciais e sociais. Segundo dados da Organização Internacional do Trabalho (OIT), o setor mineral é o que produz o maior índice de acidentes e falecimentos de trabalhadores no mundo; principalmente os povos indígenas e a biodiversidade encontram-se em risco pelo avanço desenfreado de garimpos em seus territórios; desde 2016, existe um aprofundamento dos conflitos nos territórios, estimulado pelo Governo Federal, seja pelo avanço da exploração garimpeira, ou pela flexibilização da legislação ambiental, mineral e trabalhista para favorecer os grandes grupos econômicos; segundo o MapBiomas, entre 1985 e 2020, a área minerada no Brasil cresceu seis vezes. A análise de imagens de satélite com o auxílio de inteligência artificial, expressa o salto de 31 mil hectares em 1985 para um total de 206 mil hectares no ano de 2020.

A partir dessas constatações, sugerimos afirmar uma política de não-aceitação, iniciada pela Conferência das Filipinas de doações de qualquer tipo, de proprietários ou operadores e qualquer representante de indústrias extrativas, especialmente carvão, combustível fóssil, mineração em sintonia com as problemáticas e desafios vivenciados em nossa realidade; assumir uma posição firme e coerente perante todo o Povo de Deus, para que as eleições de 2022 não tenham um resultado que aprofunde os conflitos nos territórios, degradação ambiental e a piora das condições de vida, em um possível cenário de rompimento com a democracia brasileira, como já anunciado em abril de 2020, na carta O Pacto Pela Vida e Pelo Brasil, da CNBB; construir um processo de grandes e urgentes mudanças em harmonia com os poderes da República, ultrapassando a insensatez das provocações e dos personalismos, para se ater aos princípios e aos valores sacramentados na Constituição de 1988. Esses gritos práticos, ainda que não tenham efeito imediato, eles provocam. E no inquietar, as luzes aparecem. Esses exemplos são autorreferenciais? Desejo que não seja compreendido desse modo. No final desse crepúsculo não quis deixar de fora o que eu mesmo experimento no meu dia a dia de mudanças já em andamento. Mas existem muitas outras frentes importantes.

No hoje de nossa história, se há necessidade de conversão ecológica é porque estamos imersos em um sistema estrutural pecaminoso. O que se propõe com a ecotelogia da libertação integral é o ver essa realidade a partir do Evangelho e discernir caminhos de mudanças também estruturais. Desse modo, nossa opção pela ecologia integral tem seu fundamento primeiro numa atitude de fé. A cultura capitalista hodierna substitui Deus pelo dinheiro. Com isso, as feridas sistêmicas estão cada vez mais escandalosas. Fechar os olhos a essa realidade é também um pecado contra o envio missionário de Jesus. Porque estaríamos sonegando a boa nova aos pobres. A profecia da ecoteologia da libertação integral, antes de tudo, parte da doutrina libertadora cristã. Não somente pelo que elabora no pensamento, mas sobretudo no que muda nos enfrentamentos. É hora de dar mais atenção à natureza como a instância mais sobrenatural que nosso espírito humano conhece. E aprofundá-la desde dentro, com a consciência de que tudo está interligado. É de uma nova Terra que andamos carentes, como Ele nos mostrou, ao descer do céu.

ÁGUA BENTA

Água grande
Do mar sem tamanho
Ou aquela miúda
Que corre no rio

Festa no estio
E as tristes, nos olhos
Na perda do amor
O pingo de orvalho
Sereno na flor

A que batizou
O Filho de Deus
No Rio Jordão
E depois jorrou
De seu lado aberto
Fonte de perdão

Água Santa
Da pia batismal
Que nos fez de Jesus
Até no juízo final
Será bendita
Quando Ele disser
Estive com sede
E me deste de beber

Aurora: antecipação escatológica em redes

Quanta beleza!
Para quem luta pela ecologia integral
Anielle Franco, ministra da igualdade racial
Sônia Guajajara, primeira indígena a assumir ministério
O dos povos originários
Brasil, viva nossa democracia
Pisa ligeiro
Quem não pode com formiga, não assanha o formigueiro

Ninguém solta a mão de ninguém. A profecia é coletiva, pois aponta para o bem comum. Como ponto de partida, ela se ancora na fé no Deus criador e doador da vida. Ao contemplar sua palavra, o profeta escuta, no inquieto da história, um chamado para a conversão. Ela vem do apelo dos pobres e dos gritos da criação. Nessa última parte do escrito, recolhi alguns depoimentos. São pessoas que estão inseridas em redes do mundo novo. Vítimas sistêmicas que, por conta da indignação, incorporam um novo jeito de bem viver. Ainda em construção. Entendo-as como a presença do "já" do Reino de Deus. Não são perfeitas e nem deveriam ser. São feridas por chagas que interpreto como relacionadas ao mistério do corpo padecente de Cristo, hoje.

a) AVABRUM: Associação dos familiares

Relato de mãe de anjo, vítima do crime da Vale em Brumadinho! O amor vence a morte!

Hoje, quatro anos depois das empresas Vale e Tuv Sud assassinarem meu único filho, Bruno Rodrigues, 26 anos, funcionário dessa empresa, juntamente com mais 272 pessoas, eu me agarro em Deus, Nossa Senhora e a essa frase: O amor vence a morte, porque depois de ter me feito a pessoa mais miserável do mundo, o que prevalece é o amor pelo meu filho que segue cada vez maior em meu peito. Coração de mãe bate onde o filho está, então eu sigo junto ao meu eterno amor, sou mãe de anjo.

Sendo mãe de anjo, sinto o dever de seguir lutando por justiça para que ninguém mais sofra a dor que vivencio diariamente, pelo encontro das 03 vítimas: Nathalia Porto, Maria de Lourdes e Tiago Tadeu, por memória, para que esse crime nunca caia no esquecimento e em honra a eles, Bruno e as 271 Joias, sendo dois nascituros (Maria Elisa e Lorenzo), e por fim sigo nessa luta dolorosa para que esse crime não se repita. E é isso que me fez ser uma das fundadoras da Avabrum (Associação dos familiares ...) e é por isso que sigo até hoje na diretoria da associação.

25/01/19, data que minha vida escureceu. Eu revivo essa data diariamente, a dor é latente em meu peito, fico a pensar como uma empresa que tem em suas regras a vida em primeiro lugar foi capaz de permitir que seus funcionários, pessoas da comunidade e turistas fossem levados para o matadouro dessa forma. Sacrificaram todos e todas e seguem fazendo conosco a mesma coisa. A mineradora tem um único objetivo: lucro. Para alcançar sua meta não importa quem será sacrificado. Assistimos nesses quatro anos do crime, ações que amargam ainda mais nossos dias. Temos direitos negados, "re PARA ção", é assim mesmo, separado em sílaba. Esse modelo que é mostrado nas mídias e nas redes sociais não dialoga com a verdade. As ações da empresa não nos permitem caminhar para a frente, não nos permite sair da lama de sangue, sair do dia 25/01/19, a marcha RÉ imposta por essa empresa nos PARAlisa nessa data. A ausência de Justiça nos PARAlisa nessa data. A forma como as mineradoras mandam e desmandam no País e encontram jeitinhos na lei nos PARAlisa na dor e sofrimento.

Quando é que essa realidade será mudada? Mariana matou dezenas, Brumadinho matou centenas e nada foi mudado. As mineradoras seguem com seu objetivo: lucratividade, e nós seguimos com a morte armada sobre as nossas cabeças. São muitas as barragens em nível de emergência, prontas para explodir, e acredito ter muito mais do que as anunciadas.

Infelizmente a justiça tarda e falha. Se a justiça seguir com venda nos olhos e a única punição dessas empresas for pagar migalhas, digo "multas", matar em nome do lucro segue sendo muito bom para as mineradoras. Assassinam pessoas, fauna e flora... a pena? Pagar "multa". Engolem os rios... a pena? Pagar "multa"; destroçam cidades... a pena? Pagar "multa". Acabam com nossa paz, saúde e sossego ... pena? Pagar "multa". Chegará um dia que a humanidade entenderá que não bebemos nem comemos minério, nem dinheiro e talvez será tarde demais.

Outras formas de vida são possíveis e vários lugares do mundo provam e comprovam isso. É preciso acordar, valorizar e lutar pelo que realmente importa, pelo que nunca será substituído e muito menos reparado: A VIDA.

Basta dessa mineração predatória que mata. Com amor, Andresa Rodrigues, mãe do anjo Bruno Rodrigues". (Moradora de Mário Campos, MG).

b) Semeadores da Laudato Sì

Louvado seja Deus por ser semeador. Louvado seja Deus por ser esperança! Esperança de que o melhor ainda está por vir, e que esse melhor passará pelas nossas mãos. Louvado seja Deus, por poder fazer parte desse importante movimento de cuidado com nossa casa comum e consequentemente conosco, pois somos parte dela, estamos interligados. Louvado seja Deus por termos, mesmo em tempos difíceis no qual o ódio e a desesperança encontram solo fértil em muitos corações doentes, um grande semeador, que de uma maneira singular consegue curar corações para semear o amor. Louvado seja Deus por Dom Vicente Ferreira". (Messias Alves – Mário Campos, MG).

Integrar o grupo dos Semeadores da Laudato Si da RENSER foi uma experiência simplesmente sensacional. O cuidado com o planeta, com a nossa casa comum precisa ser tratado como uma necessidade urgente, uma vez que a escassez dos recursos naturais já provoca impactos expressivos na sociedade. Nesse sentido, a troca de ideias e experiências ocorridas neste grupo serviu para que pudéssemos confirmar a importância dessa pauta para a nossa sociedade atual. Quando conhecemos o nosso espaço geográfico, os elementos naturais que nos rodeiam e temos a consciência dos impactos ambientais que nos afetam diretamente, conseguimos criar uma consciência crítica a respeito da preservação. Dessa forma, estar nesse grupo proporcionou essas trocas e contribuiu para que, a partir das experiências vividas por cada um, pudéssemos semear em nossas comunidades as sementes do cuidado, da sustentabilidade e do amor à Terra. (João Paulo Dias – Mario Campos, MG).

Ser Semeadora do Laudato Si é inovar sem agredir, restaurar o que a Mãe-Terra nos dá, garantir vida com qualidade e devolver o cuidado e o carinho que a ela nos dispensou e dispensa para vivermos. Mais do que plantar é propagar um sonho realizável com atitudes e ações que nos coloque em equilíbrio com a natureza. O planeta é nossa casa comum, e temos que manter nossa casa comum limpa, livre de poluição, de desperdício, de acúmulos. Livre da poeira e da fumaça. Manter a nossa casa limpa e manter o planeta livre de tudo que nós causamos de mal à natureza. Acredito que, como Semeadora da Laudato Si, torno-me ainda mais responsável pelo planeta, buscando o suficiente não só para mim, mas para todo o mundo! A nossa casa comum é o Planeta Terra e não temos para onde ir! Ou cuidamos ou não teremos mais onde viver! Sou Semeadora do Laudato Si e isso me faz mais humana, mais integrada a promover vida digna e sustentável para a humanidade. (Renata Resende – Mário Campos, MG).

c) Agroecologia do Assentamento Pastorinhas

Sou Valéria Carneiro, técnica em agropecuária, especializada em agroecologia pelo Instituto Sabiá, agricultora, assentada da Reforma Agrária no Assentamento Pastorinhas em Brumadinho, região metropolitana de Minas Gerais. Quando no dia 25 de julho de 2001 resolvi deixar para trás toda a estabilidade construída por mim e meu companheiro, para recomeçar nossas vidas em um acampamento de reforma agrária, sabia que, no fundo do meu âmago, estaria do lado certo da estória, O Assentamento Pastorinhas teve início em 25 de julho de 2001. A ocupação contou com a participação de 150 famílias oriundas de várias partes do estado de Minas Gerais. Vale ressaltar que muitas dessas famílias vieram para a capital mineira em busca de melhores condições de vida. Muitos fugindo da seca que assola o Norte de Minas e Vale do Mucuri. Como a maioria não tinha qualificação profissional, foi se deslocando para as cidades da região metropolitana onde ainda existia algum tipo de agricultura.

Em 2006, foi emitida a portaria de criação do Assentamento Pastorinhas. O Pastorinhas surge como um contraponto no território dominado por minerações. Composto de uma reserva de mata atlântica, Pastorinhas se destaca pela produção agroecológica. Apelidado de forma carinhosa como PORTAL DA ESPERANÇA, o assentamento vem resistindo bravamente contra o avanço desenfreado da mineração no território, preservando e conservando toda sua biodiversidade com o respeito que a nossa Casa Comum merece, mostrando que a agricultura limpa e saudável pode não só alimentar, mas também gerar renda para as famílias que ali residem.

A conexão entre moradores e a mata é visível em cada canto, pois tudo ali é pensado para causar o menor impacto possível, desde o sistema de esgoto que foi criado e implantado pelos próprios assentados ao modelo de agrovila. É visível que esse modelo de desenvolvimento funciona muito bem, ao contrário do que é pregado pelo modelo predatório e destruidor do capital; com suas nascentes preservadas, hoje os moradores do assentamento não só garantem sua segurança alimentar como também a segurança hídrica, fornecendo água para os afluentes do tão sofrido Rio Paraopeba. Lutamos bravamente todos os dias para que o modelo colonial não se instale em nossa comunidade. Acreditamos que todos(as) estejam conectados e interligados na casa comum, que a todos(as) tudo pertence. Há que se ter esperança, mas do verbo esperançar. Aqui no assentamento Pastorinhas esperançamos diariamente, pois somos todos um, conectados e interligados na casa comum.

d) Comissão de Ecologia Integral e Mineração

A Comissão Episcopal para Ecologia Integral e Mineração (CEEM) foi oficialmente criada como organismo da Conferência Nacional dos Bispos do Brasil em 2019, mesmo existindo já desde

2017 como Grupo de Trabalho formado por bispos e assessores leigos e religiosos.

Uma das primeiras iniciativas foi escrever a todos os bispos em cujas dioceses existem conflitos provocados pela mineração contra as comunidades e o meio ambiente. Colocando-se à disposição das dioceses, a Comissão vinha também estimulando as igrejas locais a não subestimarem os problemas causados pelo extrativismo predatório. A partir desse movimento, a CEEM está terminando, em 2023, um atlas de igrejas em cuidado com a causa comum, que apresentará um quadro atualizado dos numerosos conflitos mineiros no Brasil e uma radiografia da presença, ou ausência, da Igreja ao lado das comunidades atingidas.

A CEEM foi preparando e divulgando subsídios e posicionamentos de análise e de aprofundamento da conjuntura e da missão socioambiental da Igreja. Destacam-se notas públicas, cartas abertas e comunicações oficiais aos representantes do poder executivo, legislativo e judiciário sobre os impactos da mineração, como o Parecer Jurídico sobre o crime da Vale, em carta aberta ao juiz da comarca de Belo Horizonte (novembro de 2020), ou posicionamentos contra as queimadas (setembro de 2020), contra a mineração e os Projetos de Lei que ameaçam a Amazônia (dezembro de 2021) etc.

É bastante relevante o estudo "A arquitetura da impunidade", análise comparativa das violações da mineração em diversas comunidades, mostrando a prática das empresas e do poder público, desde os rompimentos de barragens de rejeitos da mineração até a participação na construção dos acordos de reparação.

Além das ações em nível nacional, a CEEM buscou incidência e alianças internacionais. Participou da 43ª Sessão da Comissão de Direitos Humanos da ONU, em Genebra, e encontrou-se no Vaticano com o Papa Francisco e com o Dicastério para Desenvolvimento Humano Integral.

Em março de 2022, realizou, em parceria com a rede Igrejas e Mineração, uma "Caravana Latino-americana pela Ecologia Integral em tempos extrativistas", que percorreu vários países da Europa. Houve a participação de diversas organizações eclesiais de Brasil, Colômbia, Equador e Honduras, em aliança com organizações católicas do continente europeu. A Caravana encontrou o Dicastério vaticano para o Desenvolvimento Humano Integral, o Pontifício Conselho para América Latina, a União de Superiores Gerais de Congregações Masculinas e Femininas (UISG e USG), a Cooperação Internacional para o Desenvolvimento e Solidariedade (CIDSE), a Comissão das Conferências Episcopais da União Europeia (COMECE), Caritas Internationalis e outras organizações eclesiásticas e da sociedade civil. Reforçou, também, a solidariedade intercontinental com territórios e comunidades martirizados pelas economias extrativistas. Promoveu diálogos com as Conferências Episcopais em Espanha, Bélgica e Áustria, abrindo novas possibilidades de diálogo e cooperação entre a Igreja Católica do Norte e do Sul Global.

A CEEM participou da iniciativa de um grupo internacional de investidores católicos que enviou uma carta ao Governo Brasileiro em 2021, ameaçando desinvestimento em caso de descuido dos povos indígenas e da Amazônia.

Em 2022, em vista da 59ª Assembleia Geral da CNBB, em abril, e das eleições presidenciais de outubro, a Comissão para Ecologia Integral e Mineração elaborou o documento "Alternativas à mineração: um projeto de país baseado nos Bens Comuns e na Ecologia Integral", na convicção que o resultado das eleições moldaria a governança no Brasil, num período decisivo com respeito à crise climática e ecológica, sendo necessário um claro e profético posicionamento da Igreja.

O documento trata da destinação universal dos Bens Comuns: água, terra, clima, mas também democracia, educação, saúde, entre outros. Recomenda que a Igreja do Brasil se desvencilhe financeiramente de toda empresa predadora, seja do agronegócio, das mineradoras ou de outras atividades que agridem a Mãe-Terra e as populações tradicionais. Convida os bispos a "não aceitarem doações de qualquer tipo, de proprietários ou operadores e qualquer representante de indústrias extrativas, especialmente carvão, gás fóssil, mineração, pedreiras, extração de madeira, etc."

Um primeiro sinal de coerência neste sentido veio de Dom José Ionilton de Oliveira, bispo da Prelazia de Itacoatiara (AM), que emitiu um decreto para todas as paróquias da prelazia, exatamente nestes termos.

Em 2022, a CEEM recebeu também novos integrantes, membros de um Grupo de Trabalho em vista da adesão da CNBB à Rede Aquífero Guarani e Charco, que envolve as Conferências Episcopais de Bolívia, Argentina, Paraguay e Brasil. A defesa da água está profundamente conectada à limitação da expansão da mineração e vem se tornando uma prioridade absoluta, pauta de reivindicação de muitas comunidades, que a Igreja acolhe, acompanha e promove.

Os membros da Igreja que se empenham no Cuidado da Casa Comum são frequentemente ameaçados, caluniados ou agredidos. A CEEM vem se afirmando também como um apoio a estas pessoas e comunidades religiosas, para que não se intimidem e não deixem morrer a profecia.

Há ainda um longo caminho a ser percorrido; é muito importante, por isso, que exista, no âmbito da CNBB, um organismo formalmente reconhecido com a missão de defender a vida ameaçada pelo extrativismo predatório e suas opções de morte. "Caminhemos cantando: que nossas lutas e preocupações por este planeta não nos tirem a alegria da esperança! (LS 244). (Pe. Dario Bossi, missionário comboniano).

e) Rede Igrejas e Mineração

Gosto do substantivo *Território*. Porque a sua substância é mais do que porção de espaço físico ou biota. É ao mesmo tempo espaço físico, meio ambiente, ecologia, mas também espaço social, cultural, político, histórico, simbólico e religioso. Por isso a gente fala em justiça ecológica sem separar da justiça social.

Gosto ainda mais desse substantivo, quando considerado no plural, *Territórios*. Porque apontam para a pluralidade, sócio biodiversidade, multiplicidade de territórios. Quantas diferentes territorialidades, apreendidas e vivenciadas nas relações social-espaço-tempo, de maneira singular pelos atores sociais, territorialidades às vezes sobrepostas em um mesmo território.

A mineração é uma imposição perversa nos territórios. O território é visto como espaço para acumulação por expropriação. Na mineração a violência é uma condição necessária. As mineradoras são responsáveis por enormes sacrifícios humanos e ecológicos em todos os continentes. A realidade dos territórios minerados é de violações de direitos humanos, conflitos com e dentro das comunidades atingidas, exploração do trabalho, aprofundamento das desigualdades socioeconômicas e destruição do meio ambiente.

Na América Latina, as comunidades e movimentos sociais enfrentam em seus territórios a realidade depredadora dos empreendimentos minerários, através da luta de resistência, buscando parar e reverter esses empreendimentos. Nos territórios as comunidades juntas querem ir além dos simples processos de reparação, mitigação e compensação pelos impactos ambientais e violações de direitos. Querem construir outros futuros. Estabelecer coletivos de transição e construir Territórios Livres de Mineração.

Foi daí, dessa força de organização popular nos territórios, que nasceu a Rede Igrejas e Mineração na América Latina, em 2014. A partir dos territórios, nascemos do cotidiano de comunidades atingidas pela mineração, organizações e movimentos de luta em defesa de territórios minerados ou sujeitos ao avanço da mineração. Nos preocupa a crescente criminalização e assassinatos dos que defendem os territórios. Nos anima o Evangelho de Jesus e a encíclica "Laudato Si". Nos fortalece a mística e o compromisso das comunidades de fé. Somos rede que interliga povos e culturas, estamos aprendendo a refletir a ação de Deus a partir das cosmovisões, valores, espiritualidades e culturas dos povos originários de nosso continente.

A Rede Igrejas e Mineração testemunha que o cuidado da Casa Comum, se dá nos territórios, a partir de suas territorialidades, construindo e organizando modelos e sistemas de vida que garantam que a Casa seja realmente comum, para tudo e para todos.

Tal qual uma rede de pescador, cuja malha é formada por fios que são atados em nós, estamos tecendo nossa rede, nos conhecendo, trocando ideias e dialogando, na mística de que tudo está interligado. A Rede Igrejas e Mineração está presente em diversos países na América Latina, é um espaço ecumênico e interreligioso. A partir das lutas e resistências ligamos os fios das experiências e vidas, formando nós de comunidades cristãs, equipes pastorais, congregações religiosas, grupos de reflexão teológica, leigos, bispos, padres e de irmãos e irmãs que vivem outras realidades de fé, nos territórios.

A Rede Igreja e Mineração contribui também na construção de novos sujeitos eclesiais, no fortalecimento das igrejas locais, que vivem nos territórios de mineração, envolvidas com os povos em seus processos de negociação, resistência, luta e busca de alternativas.

Não estamos sozinhos nos territórios das Américas. Seguimos com Papa Francisco, em uma eco espiritualidade integral que: "*incorpore o lugar peculiar do ser humano neste mundo e suas relações com a realidade que o rodeia*" (LS15). Dado que "*tudo está conectado*" (LS138), a noção de "*ecologia integral*" engloba a ecologia ambiental, econômica, social, cultural e mesmo uma "*ecologia da vida cotidiana*" que envolve todas as pessoas em seus hábitos, modos de vida e tudo que as rodeia: "*Isso nos impede de entender a natureza como algo separado de nós ou como um mero marco de nossa vida*" (LS139). Isso implica a necessidade de buscar soluções completas: "*É fundamental buscar soluções integrais que considerem as interações dos sistemas naturais entre si e com os sistemas sociais*" (LS139). Buscar uma conversão ecológica". (Frei Rodrigo de Castro Amédée Péret, membro da Rede Igrejas e Mineração).

f) A resistência dos quilombos

Tem dois acontecimentos que ficam marcados na memória como resistência, marcados em mim realmente como vitórias. Assim, a primeira delas foi no ano 2000, isso na comunidade do Sapé que eu falo, que é a comunidade mãe, em uma Festa de São Benedito. Na ocasião, eu era presidente da Guarda de São Benedito e Nossa Senhora do Rosário. Nesse dia, tínhamos convidado várias guardas e me lembro que minhas comadres (Perpétua e Noémia) chegaram perto de mim e falaram: "*Ei meu compadre! Como nós vamos fazer para arrumar tanta água e fazer comida para esse povão?*" Isso porque elas não iam pegar água no córrego, elas tinham que andar um quilômetro para irem até a mina buscar água para fazer a comida. Eu falei: "Êpa e agora?"

No dia da festa, quem estava celebrando era o padre Lalinho, da Congregação dos Sagrados Corações, e tinha lá um candidato a deputado, o qual não me lembro o nome. Eu disse ao padre Lalinho que gostaria de cantar uma música. Ele me respondeu: "claro! Pode cantar." Assim, pedi ao capitão da guarda de Souza que cantasse aquela música: "*Senhor, dá-me de beber, uma água pura que nos faz viver.*" Falei com a Maria do Silvestre, Maria do Bertano (o Nerinho) e a minha amada Leide: "Olha, vocês vão ficar com um caneco ou com uma cuia". Elas foram entrando com a cuia virada, querendo dizer: não tem água! No término da festa, o padre Lalinho convocou uma reunião para as comunidades de Marinhos, Sapé, Ribeirão, Colégio, Lagoa, Maricota, Rodrigues e Toca. Formamos um grupo e ele nos disse assim: Vocês topam arregaçar as mangas? Nós vamos colocar água em todas essas comunidades.

O grupo concordou e nós começamos a colocar ás "mãos à obra", com a ajuda financeira da Congregação dos Sagrados Corações e outras como a da Prefeitura, na época da gestão do Neri Braga. Juntamos homens e mulheres, todos trabalhando unidos por uma só causa. E nós conseguimos água boa e com fartura para todas essas oito comunidades. Foi uma luta? Foi, mas nós vencemos porque nós lutamos unidos.

A segunda vitória veio em meados de 2009. Lembro que a Ferrus mineradora queria entrar em nossas comunidades, já na época do padre Walterson, onde só era reconhecido como quilombo a comunidade do Sapé, nosso quilombo-mãe. Lutamos para que a comunidade fosse reconhecida e conseguimos que ela fosse reconhecida como comunidade quilombola. Unidos vencemos também essa batalha e a mineradora não entrou em nossa comunidade. Unidos nós venceremos!

Para finalizar, quero dizer uma palavrinha ao nosso pastor, meu querido amigo dom Vicente, que conheci pela primeira vez na Festa de Santana onde estávamos eu, minha amada Neide e minha filha Rosilene. Ali nos conhecemos e nos tornamos amigos, amigos para sempre. Fica aí meu abraço e muito obrigado. Dom Vicente, estamos juntos!

(Seu Cambão, morador do quilombo Marinhos, em Brumadinho, MG).

g) Coletivo dos atingid@s pelo crime da Vale em Brumadinho

Brumadinho sempre foi um lugar bom. Porém, atravessado por projetos de mineração. É um lugar de diversidade, de vida e natureza. Onde o sol brilhava quase sempre, mesmo que seus raios demorassem a romper as brumas de cada novo amanhecer. Nosso povo é diverso, discreto. Gente de fé. Nossas vidas foram sempre atravessadas por um habitar colonial, uma promessa de "progresso". A mineração chegou há muitos anos. Disseram-nos que aquele era o futuro. E era. E as ruas encheram-se de terra vermelha, de lama, do ferro. O apito do trem cortou o mundo, não poupou ninguém. Todos somos deslocados em nossa própria terra. Esse "progresso" prometido deixou intacta as relações sociais que estavam colocadas desde a chegada dos europeus, no início da exploração de ouro. O povo negro, quilombola, indígenas e os moradores e moradoras dos bairros e distritos pobres seguiram uma vida de trabalho árduo e de exclusão. As feridas coloniais continuavam abertas. Apesar disso, nosso povo seguiu cantando e escrevendo poesia, resistindo. Acreditando cada um em sua fé, construindo um novo dia.

Mas eis que chegou o 25 de janeiro de 2019. O país estava em crise, falava-se nos jornais. Comentava-se que a mina no Córrego do Feijão havia esgotado a sua capacidade de produção. Naquele dia, a barragem rompeu. Tirou 272 joias, de um jeito que dói demais. Pareceu que, ao menos por algum momento, se carregou o futuro para longe. Muita dor se abateu sobre o céu de todo mundo. No entanto, desde os primeiros tempos após o desastre-crime da mineração, o Coletivo de Atingidos e de Atingidas da Renser (Região Episcopal Nossa Senhora do Rosário), liderado pelo bispo da região, Dom Vicente Ferreira, se reuniu mensalmente. Essa iniciativa trouxe esperança, acolhimento, recomeço. A cada novo encontro, nossas feridas abertas estavam presentes. E, por isso, o Coletivo se reunia para se abraçar. Um abraçava o outro. A dor de um doía contra a dor do outro. Mas em todos os braços havia a força que cada pessoa trazia dentro de si, que vinha da sua vida, dos antepassados, da natureza, de sua fé.

Os encontros de cada mês do Coletivo fizeram com que todos nós, atingidos e atingidas pelo desastre-crime da Vale em Brumadinho, pudéssemos falar das nossas dores em rodas e percebêssemos que não caminhávamos sozinhos. Que somos coletivo, somos também o outro. Que temos uma rede de camaradas e que ninguém soltará a mão de ninguém. E que um novo tempo sempre vem. Depois de quatro anos, seguimos firmes e juntos em luta pelo que é novo, justo e nosso: reparação integral, condenação para os responsáveis, justiça e memória para as nossas joias e pela garantia de não repetição desse crime. E sabemos que, assim organizados, podemos resistir e alcançar. Agradecidos, sabemos que, com as nossas forças e esperanças, escreveremos um futuro novo no qual nosso povo siga adiante, com voz ativa, sendo protagonista e promovendo a ecologia integral e decolonial. (Marco Antônio Moreira Cardoso e Maria Aparecida da Silva Soares – Paré -, membros da Comunidade do Tejuco, em Brumadinho e do Coletivo de Atingidos e Atingidas).

h) Parceiros internacionais

"Não vai existir economia se não existir planeta"

Eduardo Galeano escreveu em 1971 o livro épico "As Veias Abertas Da América Latina", uma obra que retrata um passado profundamente atual. A triste realidade é que depois de mais de meio século desde a primeira publicação desse livro, poucas ou nenhuma das circunstâncias nele descritas mudaram.

A verdadeira transformação que se proporcionou desde o fim oficial da época colonial, foi o aprimoramento do uso de metáforas. Quem outrora era coronel, agora chama-se "empresário". Quem antigamente era escravo, agora está submetido a "condições análogas às de escravo". Faço questão de pontuar, que nem todos os empresários têm postura de coronel. Também no mundo empresarial existem indivíduos empenhados num modelo de desenvolvimento que contrabalance as disparidades existentes. Contudo, mesmo dotado do mais alto nível de altruísmo, também o empresário do ano 2023 está amarrado à lógica capitalista, cujo objetivo máximo é a obtenção de lucros. Lucros geram-se a partir de vendas. Vendidos são produtos. Produtos materiais, como a própria designação indica, são compostos por matéria. A matéria tem de ser extraída. Extração implica, de um ponto de vista conservador, "frequentemente" destruição. A destruição é levada a cabo por máquinas (supervisionadas por pessoas), ou diretamente praticada pela mão de obra humana. A mão de obra "na linha da frente", mais uma vez de um ponto de vista conservador, é "frequentemente" constituída por pessoas com menos acesso às infraestruturas e aos serviços sociais básicos. Essa realidade implica, por sua vez, um certo grau de desespero e/ou desconhecimento. Desse fato deriva, por sua vez, a propensão à subjugação a condições análogas às de escravo, seja pelo risco que a atividade representa para a saúde, pela remuneração insuficiente ou pela jornada de trabalho extenuante. Lamentavelmente, os "coronempresários", para evitar rotular de "coronel" o empresário que, diante as pressões a que está exposto, procura fugir da dinâmica opressora do capitalismo, não têm interesse declarado em mudar essa lógica. Afinal, um modelo verdadeiramente sustentável, promotor de uma transformação socioambiental fundamental, teria uma consequência fatal, traduzindo-se em menos abundância e riqueza. Contudo, esse é mais um bom exemplo do significado volátil das palavras.

Uma outra perspectiva possível, viável até, é abundância e riqueza no sentido de florestas de pé e em flor, de águas transparentes e potáveis e de ar puro e respirável. Essa perspectiva nada tem de idealismo, pelo contrário, tudo tem de realismo. Trata-se de uma perspectiva de autoproteção e autopromoção, até no sentido da própria preservação do empreendedorismo. Se a igualdade de acesso aos recursos e à justiça ambiental, racial e de gênero não são a força motriz para uma mudança na nossa forma de pensar e de agir, se nos faltar o altruísmo no sentido do alcance do bem comum, que, pelo menos, não falte altruísmo na preservação do nosso próprio bem-estar e existência.

Célia Xakriabá, primeira representante indígena eleita deputada federal pelo Estado de Minas Gerais, num recente discurso no congresso brasileiro, referiu que quem realmente se preocupa com a economia, deveria consciencializar-se que "não vai existir economia, se não existir planeta". Defendeu ainda a necessidade de uma transição econômica, política e humanitária, assim como um processo de "recivilização". Penso que as suas palavras são uma síntese acertada do rumo a seguir. Não precisam de ser escritos mais livros e análises de conjuntura, somente é necessário dar voz e poder a quem é realmente visionário.

Lembro que escrevo este texto na perspectiva de uma cidadã do chamado "norte global", região esta, que prosperou precisamente à custa da espoliação e destruição de regiões denominadas de "sul global". Na minha opinião, essas designações podem ser orientadoras em certos discursos e sim, podem ajudar-nos a fomentar a ciência sobre origem e realidade das atuais disparidades. Numa tentativa de abordagem orientada para a solução, defendo a união de forças de um "povo global". O povo global dos que acreditam na Ecologia Integral. Não há como menosprezar as desigualdades entre as várias regiões do planeta. Contudo, a divisão entre vencedores e vencidos numa perspectiva regional, parece-me simplista. Todos seremos vencidos, se o sistema atual prevalecer. O ser humano parece ter a particularidade de precisar da catástrofe para mudar de atitude. Porém, há que relembrar que não vivemos numa era do anúncio das mudanças climáticas, mas sim na era da ocorrência delas. As suas mais trágicas repercussões raramente ocorrem nas metrópoles do norte global. Precisamos de investir mais incisivamente no processo de descolonização das mentes. É necessário que a Europa deixe de externalizar os custos sociais e ambientais da sua produção e consumo.

Para além do privilégio de viver num contexto de relativa paz e prosperidade, usufruo ainda do privilégio de, graças ao meu emprego na área da cooperação internacional, conviver com pessoas verdadeiramente inspiradoras.

Partilho uma análise muito pessoal, não pretendendo correr o risco de "romantizar" situações precárias e dolorosas. Sinto que onde há convivência com essas circunstâncias, muitas vezes há perspicácia. Voltando à nossa necessidade de cataclismo para passar à ação: Talvez a suscetibilidade de ir à luta, em busca de alternativa, de construir a solução, seja maior naqueles e naquelas que sofrem a injustiça no próprio corpo e na alma. Não querendo minimizar o valor dos conceitos de grandes pensadores europeus, desejo que tenhamos mais humildade e curiosidade em aprender com gente sábia de outros lugares.

Em todos os projetos implementados por organizações e movimentos da sociedade civil brasileira que eu acompanho, enquanto colaboradora da MISEREOR, deparo-me com pessoas altamente capazes e comprometidas. Pessoas dotadas do raro talento de passar o alto-falante para quem realmente sente a dor na pele, ao invés de se apropriar dele.

São várias as realidades com as quais contato no meu trabalho quotidiano. Uma das mais impactantes, com certeza, é a dos atingidos pela rotura da barragem de Brumadinho. A dimensão das violações de direitos humanos, destruição ambiental e impunidade das pessoas e empresas responsáveis pelo crime é simplesmente gritante. Diante desse panorama, sinto profunda admiração pela determinação embutida na luta por justiça das comunidades afetadas. Em vez de se aninharem, levantam-se! Por outro lado, que outro caminho existe, se o que está em jogo é a própria vida? A verdadeira luta é travada nos territórios que enfrentam a mineração. O papel das organizações da cooperação internacional restringe-se ao humilde apoio financeiro dessas iniciativas e a um trabalho de incidência nos espaços políticos a que temos acesso. Acima de tudo, parece-me que o nosso principal contributo é a solidariedade e o olhar sensível para o que acontece para além-fronteiras. Desempenharemos esse papel sempre com a maior convicção.

Será a cura das veias abertas da América Latina uma utopia? Uma das citações de Galeano mais proliferadas é:

La utopía está en el horizonte.
Camino dos pasos,
ella se aleja dos pasos
y el horizonte se corre diez pasos más allá.
¿Entonces para qué sirve la utopía?
Para eso, sirve para caminar.

Tenhamos coragem de acreditar na utopia. Talvez a cura esteja mais perto do que nos querem fazer acreditar. (Madalena Ramos Görne, departamento América Latina, MISEREOR).

Pós-escrito (in)concluso Decolonizar a profecia: mulheres-territórios (re)existindo e tecendo memórias

Victória Taglialegna Salles[1]

Para pensar o significado de profecia é preciso refletir sobre a realidade social e histórica contada pela Europa Ocidental sobre o Sul, de modo linear, contada pelos homens brancos e burgueses sobre o Sul do sofrimento sistêmico e injusto, fundamentada na racionalidade científica. A linearidade que também se relaciona com a dimensão do tempo, como se fosse universal. O que os saberes hegemônicos tentam ocultar sob esse discurso de verdade é a potencialidade das subjetividades coletivas enquanto políticas de (re) existência. Ocultam os contextos situados, o gênero, a raça, a geo política, os afetos, as realidades socioeconômicas e as classificações sociais que são impostas pelo capitalismo, visando a mercantilização da vida, a desvalorização dos corpos e da natureza.

---

1 Mestre em Direito pelo Programa "Novos Direitos, Novos Sujeitos", da Universidade Federal de Ouro Preto (UFOP). Bacharel em Direito pela PUC Minas. Membro do Grupo de Pesquisas "Ressaber – Grupo de Estudos em Saberes Decoloniais" e "Caleidoscópio" (UFOP). Advogada popular e coordenadora do projeto internacional "Defesa da justiça e da reparação integral dos direitos das comunidades atingidas pelo crime da Vale em Brumadinho" (Renser/Cáritas Regional Minas Gerais). E-mail: victoriataglialegna.adv@gmail.com.

A empreitada colonial de 1492 da Europa Ocidental sobre a *Abya Yala*,[2] o colonialismo, foi um projeto eurocêntrico que priorizou a recusa da humanidade aos povos originários e, anteriormente, aos povos africanos, tendo o patriarcado como principal alicerce apoiado no capitalismo enquanto modo de dominação para manter a subalternização das mulheres. O modo de expropriação do colonialismo teve a violência como a principal prática de controle da sexualidade, o desprezo das mulheres visualizadas como objetos de desejo, a criação do discurso do imaginário colonial da conquista dos corpos para a reprodução e a classificação social das mulheres ancestrais como animais e desprovidas de humanidade.

Esses métodos também são traduzidos a partir da lente da conquista dos invasores europeus, que para expropriarem as terras protegidas pelos povos originários, apossaram-se dos territórios e dos corpos das mulheres assim como a propriedade privada, impondo formas de poder, de organização social, de estruturação baseadas na família burguesa branca europeia. Essas práticas de violência foram realizadas pelos homens brancos, europeus ocidentais, ocultando as sabedorias das mulheres e as lideranças comunitárias dos povos por elas. Escolheram guerrear com os homens ancestrais e manterem a prática do domínio, na tentativa de apagarem os modos de vida em comunidade, os conhecimentos de cura, cuidado, proteção e governança.

Refletir sobre a utopia do declínio desse sistema de poder hegemônico ainda existente é idealizar também a profecia, uma vez que o colonialismo interno permanece nas sociedades do Sul, ainda

---

2 *Abya Yala* é sinônimo de América. Na língua do povo Kuna significa Terra madura, Terra Viva ou Terra em florescimento. É a autodesignação dos povos originários enquanto sujeitos políticos, enquanto pertencimento, sendo uma oposição à nomeação consagrada ao continente pelas elites no processo de independência da Europa.

que o processo colonial das ex-colônias tenha sido declarado. Mesmo que se tenha essa constatação, o foco deve ser, cada vez mais, tornar a utopia não somente como horizonte, mas como prática, deixando-se conhecer as várias realidades outras existentes em nossos territórios.

Colocando os óculos do gênero, visualizar as resistências das mulheres às diversas formas de subalternização é também enxergar a potência da terra enquanto partilha para além da propriedade privada. É pensar na manutenção da vida diante das vulnerabilidades reproduzidas sobre suas subjetividades que, de modo coletivo, são lutas contra o sistema hegemônico de poder por meio dos seus/nossos corpos-políticos que se encontram nos territórios. São afetos políticos que resistem à lógica colonial e existem concomitantemente a partir dos nossos lugares.

É possível considerar as práticas femininas e feministas ao longo da história das diversas mulheres no Brasil.[3] As mulheres indígenas e/ou originárias, por exemplo, foram precursoras em suas cosmovisões, na compreensão da relação humano-natureza como ser único, unindo corpo e espírito à Mãe Terra, sementes que mantiveram as 274 línguas maternas em 305 povos distintos, preservadas e transmitidas pela oralidade, pela medicina das ervas e do alimento. Nos últimos cinco séculos lutaram pelo bem viver coletivo nos biomas brasileiros.

---

3 O sentido duplo é usado para evitar classificar todas as lutas e resistências das mulheres como autodeterminadas feministas. O termo feminismo usado no plural é mencionado diante da sua diversidade e a-historicidade. São movimentos sociais, práticos, políticos, coletivos e/ou teóricos acadêmicos que possuem pautas e localidades plurais. São compreensões heterogêneas. O objetivo são as rupturas diante dos poderes hierárquicos produzidos e reproduzidos pelos homens sobre as mulheres, resultantes do machismo e do sexismo, de forma a romper com as desigualdades sociais, materiais e estruturais que os mantém.

O protagonismo das lutas do movimento abolicionista na primeira metade do século XIX também foi liderado pela ancestralidade, por mulheres africanas e suas descendentes, que lutaram nas organizações dos quilombos, montaram estratégias de suas manutenções enquanto (re)existência e realizaram levantes contra a escravidão, resultando na abolição da escravatura.

Outros movimentos que podem ser citados são as lutas pela educação, emancipação e contra o sistema capitalista de produção a partir da década de 1920. Além desta, a luta pelo sufrágio liderado por mulheres brancas, de elite, urbanas, mas que também contou com a participação de mulheres da classe trabalhadora, fabris e periféricas. Grande parte dessa luta foi alavancada graças à subordinação das mulheres que exerciam o trabalho doméstico, em sua maioria, pelas mulheres negras, que mantiveram as relações de cuidado para que a maioria das mulheres brancas e da classe burguesa tivessem condições de travarem a garantia desse direito.

A luta por melhoria salarial na segunda metade do século XIX pelas mulheres trabalhadoras que resistiram por meio dos movimentos grevistas, frente às desigualdades das jornadas de trabalho e das situações precárias transformadas com o avanço do capitalismo industrial também tiveram sua relevância. No Estado-Novo, no primeiro regime de exceção estatal do Brasil em razão do golpe de Estado de Getúlio Vargas, a luta das mulheres fundiu-se com toda a sociedade, resistindo à ditadura civil-militar e em defesa da democracia, tendo como pautas a oposição à carestia e contra o despejo, sendo liderados pelas mulheres dos Clubes de Mães.

A luta pela anistia também teve início com as mulheres próximas aos presos políticos, irmãs, esposas, companheiras e mães. Organizaram o Manifesto da Mulher Brasileira, que ocorreu em todo Brasil, tendo como consequência a criação do Movimento Feminino pela Anistia. Ainda na década de 80 surgiram também organizações de trabalhadoras rurais, camponesas, nacionais e regionais, que se integraram aos encontros feministas e ao Encontro Nacional da Mulher pela Constituinte, em 1986.

Da luta pela cidadania até o período da redemocratização, o feminismo ou os movimentos de mulheres no Brasil foram compreendidos enquanto lutas primordiais para a estruturação do Brasil.

A partir dos anos 90 há a institucionalização dos feminismos e sua vinculação com a democracia, voltados para a ocupação institucional das mulheres brancas e negras, em convergência com os movimentos sociais, bem como a partir dos movimentos LGBTQI+, de mulheres camponesas e indígenas, do Estado brasileiro e na América Latina. Essa onda permanece até o momento. É notório essa convergência com a ampliação da representação feminina no poder legislativo federal, ainda que embrionária, totalizando 17,7 por cento (dezessete vírgula sete por cento). No poder executivo a representatividade também ampliou diante da ocupação do Ministério da Saúde, Ministério da Ciência e Tecnologia, Ministério da Mulher, Ministério da Cultura, Ministério da Igualdade Racial, Ministério do Esporte, Ministério do Meio Ambiente, Ministério dos Povos Originários, Ministério do Planejamento e Ministério do Turismo, todos liderados por mulheres.

Além da ocupação institucional, é relevante olhar na atualidade também para os territórios defasados pela lógica colonial de produção dos empreendimentos minerários. Esses territórios também (re)existem por meio das mulheres que nele habitam, mulheres impactadas pela alteração social de suas comunidades, pelo aumento do trabalho doméstico, da violência e pelo trabalho de cuidado. Essas mulheres e mães se reorganizam e lutam pela manutenção da vida, por modelos econômicos não-extrativistas e pela memória de suas histórias. Exemplos delas são as mulheres quilombolas, mães, irmãs, tias e avós de vítimas fatais ceifadas pelo rompimento de barragens, são mulheres assentadas da reforma agrária que produzem alimentos agroecológicos para a manutenção da soberania alimentar.

Ao conhecer os saberes das teias vivas da memória, enxerga-se o horizonte do amanhecer por meio dos saberes outros, interligando corpo, território, afeto, coletivos e cuidado. São práxis pela preservação da Mãe-Terra. A luta coletiva sempre será tensionada pelo Sul do sofrimento frente à subalternização do sistema colonial, mas a descolonização – decolonizar enquanto ontologia – do capitalismo e do patriarcado é uma possibilidade. Ouvir as subalternidades é primordial e sentir é urgente. Decolonizar a utopia é chegar ao horizonte do amanhecer, mas sem romantizar. Sigamos rumo ao outro mundo.

TRINDADE
Dom Vicente Ferreira

Ao nome do Pai
De todas as raças
E distintas criaturas
Que lá das alturas
Criou-nos por amor
Eis nosso louvor

Ao nome do Filho
Palavra que se encarnou
Nosso irmão, Redentor
A Ele nosso louvor

Ao nome do Espírito
Luz infinita
Fonte dos dons
Divino consolador
Eis nosso louvor

E ao nosso nome
Grandezas, poderes
Seria isso
O que temos para louvar?

Não... louvamos
Tão simplesmente
Porque somos gente
Feita para amar

Entre os raios de esperanças, acompanho as cenas de terrorismo brasileiro. Dia 08 de janeiro de 2023. Invasão absurda do Palácio do Planalto. Centenas de pessoas entraram nas dependências centrais de nossa democracia, destruindo cadeiras e tudo que viam pela frente. Cenas horríveis e inadmissíveis. Não era filme, nem brincadeira virtual. Quando se rasga o simbólico, a barbárie se dá no real. Com fúria, alguém fez várias perfurações no quadro de Di Cavalcanti. Feridas abertas em vários objetos que compõem parte de nossos símbolos. Tenho que concluir essa obra sem saber muito bem o que sobra. Eu mesmo estou numa travessia existencial e geográfica. Foi o presente que me ocorreu nas páginas finais de crepúsculo. É interessante notar que o tempo da escrita coincidiu com o da vivência. Isso tem seus limites e possibilidades. Deixo, por fim, pequenas peças compostas no bojo de um turbilhão de vivências. E, no mais, não consigo colocar aqui um ponto final. Mas reticências...

Oração da IV Romaria Pela Ecologia Integral a Brumadinho – 25/01/2023

Espírito Santo de Deus,
que no princípio de tudo pairava sobre as águas (Gn 1, 2),
fonte da vida humana e de todas as criaturas,
iluminai nossos corações para que saibamos,
vos louvar pelas maravilhas da criação,
sobretudo, das nascentes, dos rios, dos mares, preciosos bens comuns.

Fortalecei nossos passos no seguimento de Jesus,
que nos acolheu nas águas de seu batismo.
Que possamos ser profetas de um mundo mais justo e fraterno,
escutando o grito dos mais pobres e de nossa Casa Comum;
acolhendo e anunciando o Reino da vida plena.

Que nossa Igreja seja sempre missionária,
em saída para as periferias existenciais e geográficas,
promotora da cultura da amizade e da fraternidade universal,
em diálogo com todos os povos e crenças,
por uma civilização do bem viver.

Espírito Santo de Deus,
guiai nossa IV Romaria pela Ecologia Integral a Brumadinho,
para que rezemos, em memória das 272 joias,
que tiveram suas vidas precocemente ceifadas.
E lutemos pela justiça como semeadores da esperança.
Nossa Senhora do Rosário, rogai por nós. Amém!

HOMILIA – dia da conversão do Apóstolo Paulo IV ROMARIA PELA ECOLOGIA INTEGRAL A BRUMADINHO

O que nos diz a conversão de São Paulo a nós romeiros e romeiras da IV Romaria pela Ecologia Integral a Brumadinho?

Consideremos o que acabamos de ouvir na Palavra de Deus.

Nos Atos dos Apóstolos, através do próprio São Paulo, conhecemos a experiência de sua conversão. Um profundo amante e observador das leis de Deus. Apegado aos seus ritos e tradições, jogou-se na estrada das perseguições dos novos cristãos. Cego pelo ódio, caiu do cavalo de suas prepotências. E necessitou da ajuda de Ananias para elaborar os raios da nova luz. Da novidade da lei maior, o mandamento do amor. Que o levou a ser um grande poeta da caridade, como nos contou em sua carta aos coríntios. “Sem amor, eu nada seria”. Ou o profundo profeta da liberdade, em Cristo, como escreveu aos gálatas. Missionário fundador de várias comunidades, exaltou a diversidade dos carismas. Tudo foi criado por Ele e para Ele, sendo que toda criação carrega consigo uma marca crística.

No Evangelho de Marcos, escutamos o entusiasmo de Jesus, “ide fazer discípulos meus”. E que o lugar de quem tem a identidade de cristão, é o da cura, do cuidado, da solidariedade e da fraternidade. Diante dos males, dos demônios que ferem a vida, somos povo da guarida. A Igreja em saída, como nos pede o Papa

Francisco. "Ide", para o discípulo de Jesus, é imperativo central. Peregrinos de um reino que não tem fronteiras geográficas e nem afetivas. De outra ordem, não a dos muros, mas das pontes. Da justiça e do perdão.

Hoje, nessa travessia cultural, também vivemos nossas cegueiras. Apegos a ideias e modos de vidas velhos. Leis que não servem para mais nada ou que matam pela rigidez. Que precisam ser superadas, na acolhida da graça divina em nossos tempos. A maior velhice que carregamos é que andamos enxarcados por um sistema global que está matando a vida em nome do capital. E, em muitos casos, usando o nome de Deus. De fato, o que mais vemos? A idolatria do dinheiro. O lucro acima das pessoas humanas e da biodiversidade. Com resultados dramáticos e traumáticos para a sociedade e o meio ambiente. O que fez Papa Francisco dizer, na Laudato Si, que não existem duas crises, mas uma única crise socioambiental. Por isso, o Papa nos indica que "a nossa casa comum se pode comparar ora a uma irmã, com quem partilhamos a existência, ora a uma boa mãe, que nos acolhe nos seus braços" (nº 1).

Pisamos, hoje, no solo sagrado, que é testemunha dessa desastrosa economia da morte. Lugar da engenharia criminosa que se chama Vale, que matou 272 joias e destruiu a bacia do Rio Paraopeba. Território também onde habita tanta gente do bem, da resistência. Que busca fazer do "luto de cada um" uma "luta comum". Recriando os cenários da morte em espaços de ressurreição.

Outra vez escutamos Jesus nos enviando, como enviou Paulo e tantos outros discípulos(as). A partir para o combate de verdadeiros demônios que são as barragens em risco de rompimento. Ou das violentas estratégias das mineradoras que insistem com suas táticas de guerras. Somos chamados pelo Senhor a participar de seu reino. A dizer não ao racismo ambiental, ao preconceito contra os defensores de direitos humanos e da natureza, à exclusão de nossos povos indígenas e quilombolas. Na certeza de que não podemos viver uma vida saudável num planeta doente. Somos convocados a uma conversão ecológica.

Então, sigamos em frente. Essa quarta romaria é lugar oportuno para nos reconhecermos como irmãos e irmãs, cuidadores da Casa Comum. Em nós, já tem nascido um mundo novo. Que guarda, com reverência perigosa, a memória de nossas 272 joias. E dizer que não apoiamos memoriais gestados por quem as matou. Porque elas são nossas sementes preciosas. Onde nossas joias não puderem entrar, também não estaremos nós. Memória de todas as nossas lutas, executadas pelos nossos coletivos, movimentos sociais e comunidades eclesiais.

Somos discípulos de Jesus para pedir justiça. Que é distinta de vingança. A impunidade é uma erva daninha que autoriza o crime. Basta de anistias. Porque elas somente servem aos ricos com seus empreendimentos perversos. Exigimos julgamentos, prisões, mas sabemos também que, na ordem de nosso amor, somos envolvidos pelo perdão. Uma justiça divina, sempre barra as cadeias da violência. Não haverá, portanto, justiça, se não tivermos disposição para viver reconciliados. Que significa converter o erro em mudanças. Na relação entre nós humanos e com a natureza. Se não houver planeta para a gente viver, não haverá planeta pra gente lutar. Como podemos acreditar em reconciliação se o rio continua poluído?

A hora é nossa, romeiros. De reconhecer que existem alternativas e elas estão no entre nós. Que vivemos da agroecologia, do cultivo de nossas fontes de água, do turismo de nossas belezas naturais, de nossas serras e montanhas, da espiritualidade profunda de nossas comunidades tradicionais, da ancestralidade de nossos povos tradicionais e das florestas e tantos outros caminhos. Há horizontes novos abertos por nós. Resta-nos a coragem de defendê-los e ajudar aos que ainda andam cegos pelas leis antigas. Vejam a economia de Francisco e Clara. Deveria ser a nova pastoral de cada uma de nossas paróquias e comunidades. O pacto pela educação. Tudo isso faz parte de nossa doutrina socioambiental.

Que Nossa Senhora do Rosário, mãezinha dos pretos, ampare-nos em tantas batalhas. Mas, para que não seja tão pesada a lida, que ela nos ensine o gingado dos quilombos, para garantir a resistência ancestral de seus tambores, a arte das arpilleras, para bordar um tecido novo da sociedade. E, sobretudo, que Maria nos ensine um novo tempo de feminilidade porque nosso machismo cultural se deu mal. Coragem! Ainda que não experimentemos as colheitas, é fundamental que permaneçamos sementes. Axé. Awêry. Amém.

25 de janeiro de 2023.

Dom Vicente Ferreira

ATA DA POSSE CANÔNICA DE DOM VICENTE DE PAULA FERREIRA, C.Ss.R, TERCEIRO BISPO DA DIOCESE DE LIVRAMENTO DE NOSSA SENHORA

Aos quinze dias do mês abril do Ano da Graça do Senhor de dois mil e vinte e três, décimo primeiro do pontificado de Sua Santidade o Papa Francisco, no segundo domingo da Páscoa, na presença de Arcebispos, Bispos, demais autoridades civis e militares, com grande afluência do clero e expressiva presença do povo de Deus vindo de diversas localidades, com rito solene próprio, foi empossado Sua Excelência Reverendíssima Dom Vicente de Paula Ferreira, C.Ss.R, RG nº. 4.791.142, SSP/MG, e CPF nº. 006.285.456-90, residente à Rua João Correia e Silva, 163. Bairro Polivalente, CEP 46140-00, Livramento de Nossa Senhora, Bahia, como Bispo diocesano de Livramento de Nossa Senhora, sucedendo Dom Armando Bucciol. A cerimônia, antecedida de um cortejo que saiu do pátio da Cúria diocesana, foi iniciada por volta das dezessete horas, no adro da catedral, presidida por sua Excelência Reverendíssima Dom Josafá Menezes da Silva, Arcebispo metropolitano de Vitória da Conquista. Após a saudação de praxe, houve breve monição, proferida pelo Metropolita, apresentação e leitura das Letras Apostólicas. O nomeado recebeu o báculo pastoral e tomou assento na cátedra. Dom Armando Bucciol dirigiu palavras de acolhida a seu sucessor, dizendo a Dom Vicente que é com sentimento de alegria e gratidão que lhe entrega esta igreja local de Livramento de Nossa Senhora, a qual ele recebera em 2004 do Saudoso Dom Hélio Paschoal, primeiro bispo desta Diocese. Lembrou ao empossado que ao receber uma diocese para o cuidado pastoral recebe-se um serviço, não uma propriedade; essa permanece sendo do Senhor Jesus. Ressaltou que Dom Vicente é conhecido pelo testemunho de coragem, alegria, poesia e estilo inteligente e humano. Por fim, recordou que aqui nesta Diocese se encontra uma comunidade bela e acolhedora, de um povo simples, trabalhador, marcado por uma longa história. Na sequência, todos os membros do clero e leigos e leigas que colaboram com o múnus episcopal manifestaram respeito e obediência ao empossado, enquanto o coro entoava solenemente um canto próprio. Isso feito, a Missa seguiu como de costume, tendo por presidente Dom Vicente de Paula Ferreira, Bispo empossado. Em sua homilia, Dom Vicente recordou que neste segundo domingo da Páscoa, somos agraciados com a Divina Misericórdia, com o imenso amor que Deus tem por nós, no mistério da vida, paixão, morte e ressurreição de Jesus. Ele vive e por isso podemos esperançar uma existência nova, a partir dos anseios da nova criação. Lembrou que a Páscoa de Jesus nos abraça, neste momento, nesta Praça. Do Evangelho, resgatou a convicção de que seguimos um Deus que não é insensível ao que acontece em nossa vida, que combateu todas as formas de ódio, de divisão, de preconceito, e resistiu com o amor. Por fim, deixou algumas palavras em sintonia com o Papa Francisco para orientar nesse novo caminho. É necessário que haja uma Igreja em saída, sempre missionária; promotora do cuidado para com as pessoas e suas comunidades e toda a biodiversidade. O espaço para realizar isso são as comunidades eclesiais, como lugar de estudo da Palavra de Deus, partilha e oração. Foi feita a Profissão de Fé, a oração da assembleia, seguida da Liturgia Eucarística, nos termos do Direito. Feita a Oração denominada "depois da comunhão", pela ordem, fizeram seus pronunciamentos os Excelentíssimos e Reverendíssimos Senhores: Dom Josafá Menezes da Silva, Arcebispo metropolitano de Vitória da Conquista; Dom João Santos Cardoso, Bispo diocesano de Bom Jesus da Lapa e Presidente do Regional Nordeste Três da Conferência dos Bispos; Dom Walmor Oliveira de Azevedo, Arcebispo metropolitano de Belo Horizonte e Presidente da Conferência Nacional dos Bispos do Brasil. Em seguida, foi apresentado por familiares, um banner de vítimas da tragédia de Brumadinho, Minas Gerais, em cordial agradecimento a Dom Vicente pela assistência dada às famílias. Na sequência, Dom Vicente, Bispo Empossado, proferiu os agradecimentos. Foi dada a Benção Final. Para perpetuar a memória deste dia festivo não somente à Diocese de Livramento de Nossa Senhora, mas, por ela, extensivo à Igreja inteira, eu, Raiana Cristina Dias da Cruz, notária "ad hoc", por designação da chancelaria do Bispado, lavrei a presente ata, que lida e achada conforme, será assinada pelo Empossado, pelos senhores Arcebispos e Bispos presentes, pelo clero, pelos demais que assim o desejarem e por mim que a escrevi. Livramento de Nossa Senhora, quinze de abril de dois mil e vinte e três.

Esta obra foi composta em sistema CTcP
Capa: Supremo 250 g – Miolo: Pólen Natural 70 g
Impressão e acabamento
Gráfica Santuário